［英］温斯顿·丘吉尔—著　　李国庆等—译

CHURCHILL'S MEMOIRS OF WORLD WAR II

丘吉尔二战回忆录

四 面 楚 歌

SPM 南方传媒　广东人民出版社

·广州·

图书在版编目（CIP）数据

四面楚歌 /（英）温斯顿·丘吉尔著；李国庆等译.
广州：广东人民出版社，2024. 8. --（丘吉尔二战回忆
录）. -- ISBN 978-7-218-17979-7

Ⅰ. K835.617=5；K152

中国国家版本馆 CIP 数据核字第 2024RG7441 号

QIUJI'ER ERZHAN HUIYILU · SIMIAN CHUGE

丘吉尔二战回忆录·四面楚歌

[英] 温斯顿·丘吉尔 著　李国庆等 译　　　版权所有　翻印必究

出 版 人：肖风华

责任编辑：范先鋆　宁有余
责任技编：吴彦斌
封面设计：贾　莹

出版发行　广东人民出版社
地　　址：广州市越秀区大沙头四马路 10 号（邮政编码：510199）
电　　话：（020）85716809（总编室）
传　　真：（020）83289585
网　　址：http://www.gdpph.com
印　　刷：三河市人民印务有限公司
开　　本：787 毫米 × 1092 毫米　1/16
印　　张：12.25　　字　　数：176 千
版　　次：2024 年 8 月第 1 版
印　　次：2024 年 8 月第 1 次印刷
定　　价：68.00 元

如发现印装质量问题，影响阅读，请与出版社（020-87712513）联系调换。
售书热线：（020）87717307

战争时： 意志坚定
战败时： 顽强不屈
胜利时： 宽容敦厚
和平时： 友好亲善

致　谢

　　对于全力协助我完成前几卷的陆军中将亨利·波纳尔爵士、海军准将艾伦、迪金上校、丹尼斯·凯利先生和伍德先生，我必须再次表达我的谢意。同时，也向不遗余力地审阅原稿并提出建议的众多人士致谢。

　　空军元帅盖伊·加罗德爵士为我提供有关空军方面的资料，在此表示感谢。

　　伊斯梅勋爵以及其他朋友也锲而不舍地给予我帮助。

　　承蒙英王陛下政府准予，我复制了版权归属于英王陛下政府文书局的一些官方文件，特此致谢。遵照英王陛下政府的指示，为保密起见，我改述了本卷①所刊载的某些电文，但并未改变原来的含义或实质。

　　感谢罗斯福财物保管理事会允许我在本卷中引用罗斯福总统的一些电文。还有对那些同意发表其私人信件的人，在此也一并致谢。

---

　　①　原卷名为"收紧包围圈"，现分为《步步为营》《四面楚歌》《德黑兰聚首》《困兽之斗》四册。——编者注

前　言

在上一卷（《陈兵太平洋》《进犯南亚》《攻守易形》《营救非洲》《非洲的胜利》《形势逆转》）中，我阐述了从 1942 年冬至 1943 年春，我军经历关键性的转折，拨开云雾见月明。本卷（《步步为营》《四面楚歌》《德黑兰聚首》《困兽之斗》）则记载了从 1943 年 6 月开始为期一年的战事。我军掌握了制海权，钳制了德国潜艇，空中优势已无人能及。西方盟国拿下西西里，占领意大利，墨索里尼政府倒台，意大利投怀送抱，为我所用。苏联从东面强攻，希特勒所占领的国家已经陷入包围之中，孤立无援。与此同时，日本也被迫陷入守势，无力挽留它的疆土。

目前同盟国面临的危机不是战败而是僵持。他们迫切需要进攻这两大侵略者的国土，从敌人的魔爪下解放饱受压迫的人民。英美两国就这个世界性难题于夏季在魁北克和华盛顿召开会议。11 月，三位核心盟友在德黑兰再次聚首。为了实现共同目标，我们都有赴汤蹈火的决心，但在方法和重心的问题上却莫衷一是，毕竟各国的立场不同。现在我将讲述三国如何在重大问题上达成共识，故事要追溯到罗马的解放和英美联合跨越海峡登陆诺曼底的前夕。

我将沿用在前几卷中使用的叙述方法，仅从英国首相和国防大臣的立场，为历史添砖加瓦，我当时写的指令、电报和备忘录可作为客观有效的依据。有人提议，上述文书的回复也应该附上。但我觉得有必要缩减和精选文字工作，为了体现故事的完整性，最后一卷即将出版，仓促之中未能照顾到各位的高见，我只能在此致以歉意。

书中所述之事已过去七年了，国际关系也已重新洗牌。过去的盟友如今心存芥蒂，新一轮的更浓密的乌云聚拢起来。曾经的敌人却握手言和，甚至称兄道弟。本卷所引电文、备忘录和会议报告中夹带的某些情绪和语句可能会令别国的读者感到不快。我只能提醒他们，这些文件具

1

有历史价值，且当时处于激烈的恶战中。面临生死攸关的时刻，没有人会对敌人好言好语。另一方面，如果美化这些激烈的言辞，就无法呈现真实的历史。时间和真相会治愈一切伤痛。

温斯顿·丘吉尔

于肯特郡，韦斯特勒姆，恰特韦尔庄园

1951 年 9 月 1 日

目录
CONTENTS

第一章

ONE

与戴高乐将军的紧张关系

"戴高乐运动"如火如荼——法兰西民族解放委员会成立——罗斯福总统的立场——"承认"委员会的合法地位——戴高乐将军和吉罗将军继续争权——"自由法国"临时协商会议的成立——戴高乐成为法兰西民族解放委员会的唯一主席——叙利亚发生的暴力事件——一年来与"自由法国"的关系令人失望

1943年夏季，英国政府和戴高乐将军的关系恶化了。为了团结阿尔及尔的法国各党派，我们曾付出了很多努力。英美两国都设法在法国促成稳定的政治局面，为此，我还曾敦促美国接受戴高乐将军在此种政治安排下的领导地位。自从签署了克拉克—达尔朗协定，加之吉罗出现后，法国政坛就一直笼罩在紧张的氛围中，戴高乐变得比以前更难对付了。在这几周内，他的政治地位得到了加强。他在突尼斯有很多拥护者，如今，突尼斯已经掌控在盟国的手里。从法国首都传来的情报以及法国首都秘密成立中央委员会等一系列事件中可以看出，如今，戴高乐声威极高，"戴高乐运动"也正如火如荼地进行着。在这种情况下，吉罗同意在北非会见他的政坛敌手戴高乐。

5月30日，戴高乐抵达阿尔及尔，并与吉罗就建立一个统一的临时委员会以处理"战斗法国"一事展开谈判。谈判过程中，他们二人言辞激烈，剑拔弩张。他们的争论主要围绕着三个要点：吉罗意欲掌握内政和军事的最高权力；戴高乐决意正式确立"战斗法国"的主权——此举将违反达尔朗与克拉克将军于1942年11月所签署的协定中的条款；现任北非重要职位的前维希政府行政官的问题，尤其是诺盖、佩卢东和布瓦松等人的问题，其中，布瓦松的问题尤为突出，因为

1940 年达喀尔发生的事情，戴高乐一直没有饶恕他。

讨论日趋激烈，阿尔及尔的局势也愈发紧张。6 月 3 日下午，双方终于达成了协议，并且成立了法兰西民族解放委员会。该委员会主要领导人有吉罗、戴高乐、卡特鲁将军和乔治将军，以及来自伦敦戴高乐委员会的一些成员。戴高乐离开北非时，戴高乐委员会也宣告解散。法兰西民族解放委员会里没有一个是前维希政府的官员。战争结束前，法兰西民族解放委员会都将会是"战斗法国"和法兰西帝国的中央临时政府。

*　　*　　*

各位读者是否还记得，当关于法国前途的会谈正在进行时，我和马歇尔将军正在北非同艾森豪威尔将军会谈。就在我离开北非之前，我邀请了委员会新成员共进午餐。回到伦敦时，我收到了一封来自罗斯福总统的电报。罗斯福总统在电报中说出了他的焦虑。"我想和你说说我的想法，"6 月 5 日，他在电报中说道，"无论如何，北非现在还处于英美的军事统治下，因此，艾森豪威尔将军可以随你我调遣。衷心希望我们能解决掉这个令我们都觉得棘手的问题。"

在给罗斯福总统的复电中，我向他阐明了我对阿尔及尔情况的看法：

前海军人员致罗斯福总统：

1. 6 月 4 日，我邀请了法兰西民族解放委员会全体成员共进午餐，他们每个人都看起来很友善。一个月以前，我从法国接回了乔治将军。乔治将军与我私交甚好，他是吉罗的忠实支持者。假如戴高乐果真是个激进又蛮不讲理的人，那么只有五分之二的极少数人会支持他，他甚至有可能孤立无援。因此在我看来，法兰西民族解放委员会是一个拥有集体权力的委员会，我们可以放心和它合作。

2. 我认为，法兰西民族解放委员会的成立，终止了我和"战斗法国"领导者戴高乐的官方往来，这种来往是自1940年以来我们的通信和后来的一些文件中建立起来的。我建议，必要情况下，可以将我和戴高乐的官方关系，例如财政关系等其他官方关系，全部转成与法兰西民族解放委员会的关系。虽然我认为将我们的武器和物资交给这个委员会保管是安全的，但我还是觉得，在确定该委员会是法国的官方代表前，我们要观察该委员会的各种表现，以及他是如何处理自己的事务的。麦克米伦与墨菲共事，二人关系融洽。他们会将全部情况向艾森豪威尔将军报告。艾森豪威尔将军在这个事务上享有终极权力。

3. 我坚决反对开除布瓦松。

1943 年 6 月 6 日

＊　　＊　　＊

然而，争论依然没有结束。戴高乐不同意吉罗出任法国军队的最高司令官。吉罗意欲保全法国部署在北非的部队，并且肃清"自由法国"在法国部队的影响力。戴高乐在军队统率方面的态度，使得美国对他愈发厌恶，也越来越不信任他了。

罗斯福总统又给我发了一封电报：

罗斯福总统致首相：

我刚刚收到了墨菲的电报，电报内容如下：

"今天下午，吉罗告诉我，戴高乐在今晨举行的法兰西民族解放委员会会议上，终于公开表明自己想担任国防部委员长。国防部委员长通常具有内阁机构中军务大臣的权力。戴高乐还要求向法国部队下达不必积极参与军事行动的指令。此举与他之前对我、艾森豪威尔以及麦克米伦所表达的意愿相悖。吉罗当然拒绝交出法国部队的指挥权，他坚持任命乔治将军为国防部委员长。卡特鲁提了一个折中的提议，这个提议倒是对戴高乐非常有利。吉罗和我说，如果委员会在这个问题上不支持他，他就决意退出，并将因戴高乐的野心造成的不公正局面告知英美政府和法国人民。我请求吉罗不要着急，等到找机会和委员会的其他几个成员讨论过后，再采取行动也不迟。"

1943 年 6 月 10 日

麦克米伦也和我说了同样的事情。我只是很迫切地希望我们双方可以达成一个简洁明了的协议。

首相致哈德罗·麦克米伦先生（在阿尔及尔）：

了解情况之前，我们绝对不会考虑采取这个行动。让我们一起回顾一下《马太福音》第七章第十六节："看到这些树的果子，我们就知道它们是什么树了。没有人能在荆棘上采摘葡萄、在蒺藜里采摘无花果吧？"的确，这一整章都很具有启发性。

静候良机的做法非常明智。我们要让戴高乐尽快地看清自己的现状，认清自己身边的势力。如果他能公平公正地对待我们和法国，那么我们也会以同样的态度对待他。

1943 年 6 月 11 日

罗斯福总统却并不是这么有耐心。

罗斯福总统致首相：

今天我给艾森豪威尔将军发了一封电报，电报内容如下：

"我们政府的立场是：在我们对北非进行军事占领期间，我们决不允许任何非盟军最高司令部统率的组织控制法国陆

军。我们必须将法国陆军交给我们彻底信任的组织。在我们确信法国陆军是诚心与我们进行军事合作之前，我们绝不会继续武装其任何部队。在法国人民选出代表他们当家作主并且领导法国的政府之前，无论法国成立任何政府和委员会，我们都不感兴趣。我们进驻法国时，盟军将制订一个管理法国内政的政府计划，这个计划与法国主权利益一致。最后要明确的一点是，我们一定要在北非和西非实施军事占领。因此，没有你的批准，任何人都不得做出独立的民事决定……"

1943 年 6 月 17 日

*   *   *

我收到了几封来自罗斯福总统的电报。这些电报表明，美国对戴高乐在阿尔及尔所采取的行动充满敌意，并且敌意与日俱增。因此，我很担心将来盟国与"自由法国"的关系。美国人认为，如果戴高乐成为战后影响法兰西未来的主导力量，那么法国任何一个临时的行政机构都不会得到他们的承认。我认为，我们很有必要在军事问题上缓解美国人的焦虑，并且保留法国这个新的临时委员会。

前海军人员致罗斯福总统：

我不同意在这个关头解散七人委员会或者禁止该委员会召开会议。我认为，艾森豪威尔将军应以你的指示为行动指南，同时，墨菲和麦克米伦应采取最合适的方法贯彻该指示。英王陛下政府会同意这个政策的。

法兰西民族解放委员会面临着一个选择：要么根据大多数人的意愿接受我们的决定；要么公然反对两个拯救他们的大国。假如该委员会选择了前者（这看起来是有可能的），那么戴高乐就要决定，他和其他反对者是打算屈服还是辞职。如果戴高乐决定辞职，他将会受到公众的谴责，我们还要采取必要的措施以防他制造任何骚动；如果他选择屈服，那么我们将来有可能会遇到更多麻烦，但是这样的结果总比解散委员会要好，毕竟盟国和法国都对它寄予厚望。为了盟国军队的安全，我们有必要制定一些条款，让戴高乐负起责任来。无论如何，先试一试总归是明智的。

1943 年 6 月 18 日

＊　　　＊　　　＊

　　美国对法国在北非政治局势的态度受到了军事需求的影响。美国与戴高乐产生争执时，盟军正在为西西里岛登陆做准备。正是这个关键时刻，戴高乐挑起了盟军对法国最高指挥部的争议。无论过去英国政府和戴高乐签订过什么协定，我们都绝不允许这些协定动摇我们和美国的关系。

　　7 月 13 日，我给同僚拟了一份报告，这份报告总结了美国对法国的政策变化：

　　　　在过去的几个月里，我们的目标是将美国人在非洲西北部培养起来的法国势力和伦敦的戴高乐委员会联合起来，确切来说，就是联合吉罗将军和戴高乐将军两派的势力。我认为，我可以在卡萨布兰卡安排妥当，但是，正如我的同僚所知，一切都让戴高乐的荒诞行为搅和了。自从罗斯福总统对吉罗将军派驻北非的部队进行大规模的武装后，他就很关心这个部队的作为和指挥能力。与此同时，在伦敦和布拉柴维尔的"戴高乐主义"组织，以及在英美媒体界的"戴高乐主义"支持者，不断地批评美国的政策。很显然，这不仅激怒了赫尔先生，罗斯福总统对此也是愤怒至极。

　　　　鉴于以上原因，我们都期望戴高乐首先加入在伦敦的法兰西民族解放委员会。如今，戴高乐已经加入了该委员会。

我们还期望戴高乐与法兰西民族解放委员会的阿尔及尔势力联合起来。经过一系列的危机和波折之后，法兰西民族解放委员会逐渐开始具有集体权力，尤其值得一提的是，该委员会非军事人员日益增加，并且日渐显现才华。这些非军事人员不再是以吉罗派或者戴高乐派来划分了。我们应该允许这些有利趋势的发展。在未来的几个月，假如戴高乐以及"戴高乐主义"人士不再是法兰西民族解放委员会的主事者，并且戴高乐本人能够恪守本分，与我们真诚合作，罗斯福或许会承认该委员会。然而，要取得这样的结果，我们还要下一番功夫，与此同时，我们还要考虑应采取什么措施。

在法兰西民族解放委员会成立之际，我迅速将此前英国和戴高乐将军签署的协定转交给该委员会。这个过程还要继续，否则就没有人处理法国的财政、宣传，以及叙利亚和其他法属领地问题，也没有人指挥法国武装部队。外交大臣曾和我说，我们通过了一项议会法案，授予戴高乐管理"自由法国"驻英部队的权力。如今，这些权力必须转交给这个新的委员会了。该委员会作为法国事实上的权力机关，我们要利用其集体力量处理"自由法国"驻英部队的问题，这并无争议。因为我们与他们进行必要的业务来往，对他们来说百益而无一害。与此同时，通过承担责任，他们还可以增强自身力量。

从某种意义来说，只有这样才意味着该委员会得到了承认。但是，在现阶段承认该委员会或者按照法律做任何事情，都只会给美国带来不必要的麻烦。我们应避免使用"承认"一词，并且避免做出类似姿态或制造此种声势，但是我们同时要与其合作，因为它具有一定的价值。英美两国意欲拯救法国于水火之中，但是两国的信心已然受挫。委员会应重获或树立英美两国（尤其是与其疏远的美国）的信心，这是它的职责所在，并且这样做符合它的利益。如果我们在这个关头，采取任何正式承认该委员会的行动，必将极大冒犯华盛顿当局，美国现任政府还会对我们怀有敌意，想在明年美国大选将罗斯福总统拉下马的人也会加以利用。我们唯有同美国政府和罗斯福总统保持友好往来，战争进程才不会受到影响。我们还有责任不采取任何措施，倘若我们有所行动，就会给在沙场奋战的部队增加难题，还会破坏当前我们与美国的良好合作关系。我们还是要保持理智，制定决策时，要考虑到美方态度。事实上，在这种情况下，我们最重要的是与美国站在同一战线上，不要让美国觉得我们在和苏联联合起来对抗它。

我曾反复强调：如果法国在战后变得强大，这种局面将对大不列颠极为有利。直到现在，我依旧对这个观点坚信不疑。我很担心华盛顿政府的"反戴高乐主义"会发展成为一种明确的反法兰西情绪。但是，倘若戴高乐加入该委员会，全心投入该委员会的工作中，并且该委员会表现合理，且对我们怀有诚意，那么美国方面的担忧或许就可以转移或者减轻了。

我们要让法兰西民族解放委员会感觉到我们意欲促成它与美国交好，这样做没有害处。正如我上面提到的，假如那些步骤可以完整顺利地发展下去，我们有足够的耐心并把握好这些烦人事情的分寸，那么法国或许有可能在盟国的议会上占有一席之地。

*　　*　　*

我们的内阁人士大体上同意对该委员进行某种形式的认可。我又给罗斯福总统发了一封电报。

前海军人员致罗斯福总统：
外交部、内阁同僚以及外部形势都向我施压，他们都希

望我"承认"法国在阿尔及尔的民族解放委员会。"承认"意味着什么？我们可以承认一个人是帝王或者是杂货商。没有一个定义公式，"承认"将毫无意义。在戴高乐前往非洲西北部，以及新委员会成立之前，我们的一切联系都是同戴高乐及其领导的委员会建立的。6月8日，我曾向议院报告："法兰西民族解放委员会具有集体承担责任的性质；该委员会的成立代替了我和戴高乐将军于1940年间通信所建立的关系；我们与戴高乐之间的所有交易，包括财政和其他方面的交易，随后都将一并移交给该委员会。"我很乐意这样做，因为与戴高乐单独打交道相比，我宁愿与委员会这样一个具有集体性质的组织共事。事实上，我这几个月以来一直劝诱或者强迫戴高乐"投身于委员会工作"。由于安排取得了新的进展，这件事似乎也快办成了。麦克米伦反复告诉我，该委员会正在形成一种集体权威，并且戴高乐绝不能成为该委员会的主宰。他还和我说，如果这个委员会没有得到一点儿支持，它就会解散。届时除了美国武装军队控制着的吉罗在非洲西北部和达喀尔地区操控的力量，戴高乐又会再次成为唯一主宰法国事务的人。因此，麦克米伦极力主张我采取"承认"的方式。他还向我报告，艾森豪威尔和墨菲都同意这样做……

因此只要涉及上述大英帝国和英法两国的利益，我想或许有必要"承认"法兰西民族解放委员会。但是，如果我承认了该委员会，苏联肯定也会承认它，我只怕到时你会觉得尴尬。

所以，我希望你能让我知道：你是否同意我们的方案或者类似这样的做法；你是否介意英王陛下政府单独承认这个委员会。在我看来，前一种做法无疑更合适。这个委员会有很多优秀的人才——卡特鲁、马西格利、乔治，当然还有吉罗。吉罗已于昨日抵达此处。他肯定会提出所有的问题，并使事情变得更加棘手。

1943 年 7 月 21 日

但是很显然，美国人并不打算承认法国在阿尔及尔成立的民族解放委员会。吉罗曾一直为了驻北非法国部队的武器和装备问题，与美国进行谈判。他的到来也没有平息"戴高乐主义"者的怒火。

7 月 22 日，我收到了罗斯福总统的电报。电报的内容很多，也很重要。罗斯福总统表明，美国政府认真讨论后，会就法国问题提出看法。

罗斯福总统致首相：

虽然我们现在面临的压力减小了，但是各方人士还是要求我们承认现在这个法兰西民族解放委员会的地位。一部分人希望将该委员会看作是在所有法国领土上（包括法国本土）维护法国利益的组织。还有一部分人想将这个机构看作是维护前法兰西帝国利益的组织。大部分人，但不是所有人，愿意接受该委员会的身份，但前提是这个委员会要服从英美军队的军事要求。

我们一直主张以下两点：首先，现在及将来，军事需求都要优先于一切民政事务；第二，由于法兰西民族解放委员会开始运作不久，那么它要提供更多更具有说服力的证据，以证明自己是一个完整的、各方真正团结的统一体。这个统一体必须要肃清迄今为止存在于法国的政治纷争和党派纷争，因为这些纷争会导致团体对抗，激发个人野心。它还要证明自己成立的真正目的是团结所有支持法国和盟国齐心协力、反抗轴心国以赢得战争胜利的法国人。此外，它还应时刻谨记自己唯一的事业：解放法国和帮助盟国取得胜利。

据推测，法兰西民族解放委员会的成立是基于每个法国人对战争的控诉而实行的集体责任原则，那么我们和这个委

员会的关系也应基于这个原则。也就是说，英美两国在军事相关的问题上，直接与法国军队总司令进行交涉。法国的政治问题必须留给法国人民自己解决。只要法国人民从当前敌人的统治中解放出来，他们就可以自己解决国内的政治问题……

美国政府期待与英国及其他盟国一道，有条件地接受法兰西民族解放委员会，并就此推进我们的工作。此处的"有条件"通常指的是军事要求，但是我们还要说明，这个委员会必须满足上述基本条件。

我认为，我们在任何时候都不可以使用"承认"一词，因为这样会歪曲我们的本意。这暗示着我们一旦登陆法国本土，我们就要承认该委员会为法国政府。或许在各个殖民地的当地委员会和行政部门，临时使用"接受"一词更能表达我的想法。不管怎样，只要符合盟国的军事利益，我们都要坚持自己的权利，并继续用当前的方法直接与法国殖民地的地方政府打交道。马提尼克岛的情况就是一个范例。

吉罗此行来访十分顺利。这次，我们只讨论军事问题。我们一趟趟前往北非的船队正开始向他的部队运送额外的装备。

1943 年 7 月 22 日

罗斯福总统在电报的末尾，提议我们可以采取折中的定义。他认为我们可以说与法兰西民族解放委员会"合作"，而不是说"承认"法兰西民族解放委员会。

我回复了罗斯福总统于 7 月 22 日发来的电报，电报内容如下：

前海军人员致罗斯福总统：

1. 首先，我认为您提议的定义令人寒心，并且制止不了我们两个国家讨论"承认"问题的骚动。与此同时，事情已

经朝着对我们有利的方向发展了。当意大利问题公诸于世时，这个委员会觉得自己尤其得不到重视。我认为，戴高乐已经将自己进一步局限于这个委员会之中了。相比之前的僵局，如今对指挥权的安排似乎对我们更加有利。

2. 因此，为了统一双方的立场，我已经要求外交部对您提议的定义做出一些修正……如果我们现在不能达成一致，我们随后再议。

1943 年 8 月 3 日

之前我提起过的魁北克会议，如今马上就要召开了。与此同时，我们的工作又陷入了僵局。

罗斯福总统致首相：

我衷心希望，在我们能有机会在一起讨论有关法兰西民族解放委员会"承认"的问题之前，我们不要做任何的决定。

1943 年 8 月 4 日

*　　*　　*

经过一系列各执己见的讨论之后，我才得以勉强说服美国人发表宣言，以此表明他们支持已在北非形成的政治格局。

首相（在魁北克）致麦克米伦先生（在阿尔及尔）：

1. 我认为，经过一系列持久且艰苦的讨论后，我们对"承认"法兰西民族解放委员会这个问题有了令人满意的解决办法。我方认为，我们双方都应该用自己的话来表达"承认"这个说法，这样比坚持用英美联合宣言的方式表达要好得多。

2. 在我看来，为了满足我们的需求，罗斯福总统和赫尔先生已经做了很多事情。请你替我告诉那些在委员会的朋友：我确信，对他们来说，正确的做法是热忱地接受美国人的宣言，不要指出任何有关"承认"形式的差别，因为这样会让人感到反感；相反地，他们对美国人的宣言越是满意，对他们就越有好处。在这个时候，假如法国人对美国人友好，对法国的利益极有好处。反之，若是法国的报纸和广播媒体驳斥或者呵责美国人的宣言，这只会重燃美国外交部的怒火。

1943 年 8 月 25 日

* * *

第二天，我们就宣布了承认法兰西民族解放委员会的合法地位，这标志着一个时期的结束。虽然法国领导人并没有参与意大利的停战谈判，也没有加入处理意大利事务的地中海委员会，但是他们可以作为法国代表，正式与盟国来往。

* * *

几周过去了，戴高乐和吉罗两人对权力的争夺依然没有停止，两人经常在内政和军事问题上发生冲突。这并不总是戴高乐一个人的错。解放科西嘉岛时也生出了不必要的争端。该岛上的"自由法国"分子曾于 9 月 13 日至 14 日晚间占领了阿雅克肖。三天后，吉罗率领法国远征军抵达科西嘉岛。不幸的是，吉罗的军事指挥官与坚持"戴高乐主义"的领导人当场发生争执，使得两派的关系进一步恶化。从军事的角度来看，虽然解放科西嘉岛的过程有点慢，但是最终还是顺利完成了。

首相致哈德罗·麦克米伦先生（在阿尔及尔）：

如果你认为合适，麻烦替我将以下信息转达给吉罗将军和戴高乐将军：

"听闻你们的军队在科西嘉岛取得了顺利进展，请接受我诚挚的祝贺。我非常期待这个著名的岛屿早日解放并重回法国的怀抱。"

1943 年 10 月 3 日

第二天，法国军队就彻底攻占了科西嘉岛。

*　　*　　*

为了巩固法国政权之基，我们计划召开临时协商会议。该计划在 10 月间取得了进展。吉罗的地位逐渐削弱，只剩下那些重视与美国关系的陆军人士依旧对他表示支持。很快地，吉罗就失去了法兰西民族解放委员会联合主席的身份。戴高乐证明了自己是一个无可比拟、更有实力的人物。11 月 3 日，该委员会第一次在阿尔及尔召开会议。法国的未来政府已初具雏形。11 月 8 日，恰逢登陆北非一周年的日子，吉罗辞去了法兰西民族解放委员会的职务，但仍然担任法国军队总司令一职。一想到这些事情将来可能导致的结果，我就觉得心烦意乱。这几股政见不一的势力之间应形成某种力量均衡的局面，这对法兰西的统一极其重要。

于是，我致电罗斯福总统：

首相致罗斯福总统：

戴高乐成了法兰西民族解放委员会唯一的主席。我很不满意委员会这样的人事变动。我们所承认的组织是由吉罗和戴高乐共同领导的，而现在这个组织的性质发生了彻底的变化。我提议，在我们得以共同讨论这种局面之前，我们应暂且采取完全保留意见的态度。

1943 年 11 月 10 日

我希望，在我前往德黑兰参加会议途经开罗时，我可以借检阅法国新陆军部队的机会，将吉罗和戴高乐两个敌对的领导人召集在一起。

首相致麦克米伦先生（在阿尔及尔）：

　　从现在开始到圣诞节期间，如果我在非洲有几天空闲，我就会去视察法国新陆军部队。你可以小心打听一下，戴高乐将军和吉罗将军两人是否乐意会面。我们或许在下午阅兵，晚上找个地方过夜，第二天早上观看演习。此行，我希望自己能被当成法兰西民族解放委员会的客人。我明白，他们或许会把这次视察当作是我们对他们的肯定，不过这的确也是我们的本意。但是基于诸多原因，目前我还不能确定视察的具体日期。

1943 年 11 月 2 日

＊　　＊　　＊

"自由法国"政府在叙利亚行径粗鄙残暴，破坏了我的计划。1941年年底，"自由法国"政府正式宣布叙利亚和黎巴嫩独立。我们已经承认了叙利亚和黎巴嫩这两个共和国的合法地位，并于 1942 年 2 月任命爱德华·斯皮尔斯爵士出任英国大使。但是这些年来，工作毫无进展。这两个共和国的内阁已经进行了整改，但是没有举行过一次选举。反法国的敌对情绪日益高涨。1943 年 3 月，两国都成立了临时政府。7、8 月期间，两国进行了大选，选举表明，民族主义者占据极大优势。大多数人都要求彻底修订托管宪法。由于"自由法国"政府软弱无能，当地政客不相信法国能实现战后独立的承诺，因此掀起了罢工运动。10 月 7 日，黎巴嫩政府提出取消法国在本国的地位。由于黎巴嫩政府单方面的行动，一个月后，在阿尔及尔的"自由法国"委员会质疑黎巴嫩政府的这种权利。卡特鲁将军的代表埃勒先生从阿尔及尔回去以后，就下令逮捕黎巴嫩总统和大部分内阁成员。这件事引起了骚乱，还发生了流血事件，贝鲁特的情况尤其严重。对于这些事件，英国内阁感到不安。

法国这次行动，使得我们曾与法国、叙利亚以及黎巴嫩之间签署的协定都失效了。这次行动违背了大西洋宪章以及其他宣言的精神。似乎整个中东以及阿拉伯地区的局势都要恶化了。全世界人民或许都想知道：法国到底想怎样？法国一边屈服于敌人，一边想要其他国家屈服于自己。

由此看来，我认为英美两国应强强联手，共同回应这件事情。虽然此前我们在魁北克有条件承认了法兰西民族解放委员会的合法地位，但如今戴高乐夺权，该委员会的性质因此彻底被改变。不过，黎凡特地区爆发的骚乱性质有些不同。在全世界舆论的支持下，我们有足够的理由认为，我们可以与戴高乐将军一同解决这次骚乱问题。我认为，应释放被绑架的黎巴嫩总统及其内阁成员，并承诺恢复他们原来的职务。此外，只要法律和秩序恢复了，我们就应立即召开讨论黎巴嫩问题的大会。假如戴高乐拒绝出席会议，我们就不再承认法兰西民族解放委员会的合法地位，并停止向法国驻北非部队提供武装支援。

假如我们必须接管黎巴嫩并向英国部队下达新的命令，我就不得不命令威尔逊将军做好这方面的准备。幸好，事情并没有朝着这个趋势发展。11月16日，卡特鲁将军抵达阿尔及尔，与英美两国周旋。11月22日，法国当局释放了被监禁的政客。英美两国与法国就叙利亚和黎巴嫩的最终独立问题展开了漫长的谈判。

这些事件让我们与"自由法国"和戴高乐将军之间产生了嫌隙。这些年来，看在领导人真诚的革命友谊的份上，英美两国一直努力与"自由法国"保持联合一致，但是结果却令人大失所望。

第二章
TWO
土崩瓦解的轴心国

意大利内战——支持意大利国王和巴多格里奥的必要性——我们在政策方面达成一致——意大利军队在巴尔干半岛和爱琴海的命运——巴多格里奥元帅在马耳他签署长期停战协定——我与罗斯福总统、斯大林联名宣布意大利为盟国的共同作战国家——斯福尔扎登上政治舞台——意大利人力和船舶的使用问题——意大利对德宣战——意大利风雨飘摇的局面

墨索里尼企图复兴法西斯主义，将意大利置身于内战的恐慌之中。9月停战后的几周里，驻扎在意大利北部德国占领区的意大利军官及士兵，联合意大利各乡镇的爱国主义人士，开始组织游击队，抗击德军以及那些仍然追随墨索里尼的意大利人。游击队已经与驻扎在罗马北部的盟军以及巴多格里奥政府取得联系。这几个月的时间里，意大利举国上下都在反抗德国入侵，由此引发了意大利内讧、暗杀和大屠杀。和欧洲其他敌占区一样，意大利中部和北部的起义运动正如火如荼地进行。意大利各阶层人民皆为此感到震撼。

这些起义者的一项杰出贡献，便是为被关押在意大利北部集中营的盟军战俘提供了不少支援。盟军战俘大约有八万人，他们都穿着战服，引人注目。他们中的大多数人不会意大利语，对意大利的地理环境也不甚了解。至少有一万名盟军战俘接受了当地意大利人民的帮助，穿上了当地人的服装。意大利起义运动的成员和淳朴的村民冒着生命危险，将这些穿上了当地人服装的盟军战俘带到了安全地带。

* * *

自从双方签订了停战协定，意大利舰队便加入了盟军，并表现得忠诚且勇敢。我认为，在盟军占领罗马之前，我必须和意大利国王以及巴多格里奥元帅合作。我们可以建立一个真正的、具有广泛群众基础的意大利政府，与我们一同赢得战争的胜利。我确信，与奉行法西斯主义的流亡者或者反对者所建立的任何意大利政府相比，维克托·伊曼纽尔国王和巴多格里奥对于我们共同的事业会有更大的帮助。意大利舰队投降一事就足以证明该政府的权威。另一方面，如今民间存在这样的论调：要与曾为墨索里尼效力或者协助过墨索里尼的人撇清关系。如此一来，为了脱离意大利国王和巴多格里奥并自己掌权，在罗马的六七个左翼党派策划了数不胜数的阴谋。由于战事紧迫，我们急需意大利全心全意与我们并肩作战，所以我一旦发现风吹草动，就会将这些阴谋扼杀。这样的做法得到了斯大林元帅的支持。他的座右铭是苏联的一句格言："到达桥头前，你可以一路与魔鬼同行。"

* * *

麦克米伦从阿尔及尔向我发来建议。综合考虑了他和艾森豪威尔的提议后，我致电罗斯福总统，以征求他对此问题的看法。

首相致罗斯福总统：

我和战时内阁同僚讨论后，得出了以下结论：

我们要将布林迪西的行政机构当作政府并建立其权威，树立意大利国王的威望，以对意大利进行统一的指挥。这些都是至关重要的……尽管巴多格里奥会于今晚发表广播讲话，我们依然认为意大利国王有必要在巴里向意大利人民宣告：意大利国王在此，并宣布巴多格里奥所领导的政府是他授权

的合法政府。此举非常有必要，这不仅是为了意大利人民，更是为了意大利在国外的代表及其海外卫戍部队。

我们应告知意大利国王和巴多格里奥，他们需尽快建立一个具有最广泛人民群众基础的反法西斯政府。在这个危难关头，我们应该联合任何能够为战争胜利带来好处的积极人士。意大利国王在广播中应说明这几点。如果斯福尔扎伯爵和那些自称代表六个党派的人士愿意与我们并肩作战，那将对我们极其有利。但是，我们必须向意大利表明：那些临时计划仅出于战争需求，不会妨碍意大利人民的自由选择；意大利人民可以自由选择自己喜欢的民主政府形式。

我们目前暂不考虑让巴多格里奥政府加入同盟国阵营，因为双方联合作战的状态也很不错。从这个立场出发，我们应逐渐将意大利转变成一个积极抗德的国家力量，但是我们必须强调，意大利要自力更生。通过调整停战协议的条款并使之生效，我们会承认意大利在抗击敌人的过程中所做的贡献。我们希望巴多格里奥可以在停战协议的基础上继续与盟军并肩作战。作为回报，我们会根据巴多格里奥政府的表现，实现我们的承诺。巴多格里奥有选择是否对德宣战的自由。如果巴多格里奥选择对德宣战，即便他不能成为盟国的一员，也会马上成为盟军联合作战的伙伴。

我们会告知巴多格里奥，我们并不打算到处建立盟军军事政府。如果他与盟国合作，只要我们将意大利的领土从敌人手中夺回来，就会马上移交给意大利。这个承诺适用于有史以来属于意大利的大陆、西西里岛以及撒丁岛。在意大利政府授权管理的领地内，同盟国与意大利政府之间的商业来往，都将通过一个管理委员会交涉。

如果意大利签署了投降书，即便是修改了一些条款的投降书，事情也会进展得容易些。事实上，从布林迪西政府当前的状态来看，投降书中的很多条款都无法实施。但是，只

要我们占领意大利半岛并将领土转交给意大利政府，那么问题就会变得实际些。我们不想就每项条款与意大利政府讨价还价。这个问题搁置得越久，我们要想让意大利签署投降书就会变得越难。因此，我希望艾森豪威尔将军可以参考外交大臣在电报中所提到的建议，尽快让巴多格里奥签署投降书。

我们应立即将这个计划递交给意大利国王和巴多格里奥。我们务必要求意大利国王按照我们的提议，发表一个公开宣言。不必等到政策最终修订完，意大利国王也可发表宣言。

1943 年 9 月 21 日

这个提议和罗斯福总统的想法一致。他给我发了一封电报，内容如下：

罗斯福总统致首相：

如果你没有意见，我会立即将以下信息传达给艾森豪威尔将军：

鉴于意大利当前的情况，尽早采取实际行动对我们非常重要。

1. 在得到下一步指示之前，请你不要与意大利签署长期的停战协定。

2. 若是出于军事需求，你有权力随时对停战协议稍作修改，减轻意大利的负担，以便意大利在其力量范围内对德国发动战争。

3. 如果意大利对德国宣战，请参考后文的条款。我们允许意大利当前的政府作为合法政府执行任务，并且在对德战争中将其看作盟军联合作战的伙伴。我们必须明确表明，这种关系绝不会损害意大利人民的自由权利，他们依旧可以决定其政府形式。同时，我们还要表明，在德国最终被赶出意大利领土之后，意大利人民方可得以最终决定其政府形式。

4. 盟国军事政府以及停战执行委员会的某些职能部门将按照实际情况，合并到下属盟军总司令部的盟国委员会。该委员会有权力随时为巴多格里奥政府在军事、政治以及行政等问题上提供指导和指示。

5. 在你的指示下，你方军队可以采取一切可行措施，充分利用意大利武装部队攻打德军。

1943 年 9 月 21 日

在我看来，除了是否要签署长期停战协议这一点，我们的意见在其他关键点上没有冲突。因此，我尊重罗斯福总统的意见，也同意将这封电报转发给艾森豪威尔将军，以此作为我们两个人对他的指示。

*　　*　　*

9 月 14 日，自墨索里尼获得"解放"后，他第一次会见希特勒。在随后几天里，两人密谋着如何延续意大利其他德占区的法西斯政权。15 日，墨索里尼宣称他重获了法西斯的领导权；他还宣称，肃清了叛变分子之后，一个全新而斗志昂扬的政党将会在意大利北部成立一个值得人民信赖的政府。如今，旧制度穿上了伪装革命的外衣，似乎很快就会死灰复燃。幸而，最终并未让德国得逞。当时，戈培尔作了一个评论，并在其中透露了此消息。

法西斯领袖墨索里尼并没有从意大利所承受的灾难中得出合乎道义的结论，这让希特勒大为失望。会见希特勒并重获自由，墨索里尼当然会欣喜若狂。但是希特勒想让墨索里尼做的第一件事就是报复那些叛徒，让他们付出沉重的代价。然而墨索里尼表示他不想这样做，这足以体现他真正的局限性。他并不是一个像希特勒或者斯大林的革命家。他的眼光局限于本国人民，缺乏作为一个世界革命家和叛逆者的鸿鹄之志。①

　　但是，一切都无法回头了。墨索里尼半推半就地上演了"百日丑剧"。9 月底，他将总部设立在加尔达湖畔。这个可怜的影子政府被称为"萨洛共和国"。这里上演着道德败坏的悲剧。这位统治了意大利二十余年的独裁者和立法者带着他的情妇，在德国主人的控制下，并按照德国主人的意愿统治着意大利一隅。在精心挑选的德国护卫和医生的监视下，他与外界失去了联系。

　　意大利投降震惊了部署在巴尔干半岛的意大利军队。许多部队陷在了当地的游击队和图谋报复的德国人之间，情况极其危险。德国到处残忍地报复敌人。科孚岛上有七千多名意大利驻军，几乎被德军尽数歼灭。克法利尼亚岛上的意大利军队坚持抵抗，直到 9 月 22 日才投降。许多原本在战争中捡了一条命的意大利士兵遭到了德军的枪杀，其余的则被驱逐出境。爱琴海岛上的一些卫戍部队企图一批批地逃往埃及。很多意大利分遣队原本驻扎在阿尔巴尼亚、达尔马提亚海岸和南斯拉夫境内，如今他们纷纷加入了当地的游击队。他们经常被迫参加强制劳动，而他们的军官则遭到枪决。在门的内哥罗，铁托招募了一大批原本属于两个意大利部队的官兵，组成了"加里波第师"，该师在战争结束前曾遭受了严重的损失。自 9 月 8 日停战宣布以后，在巴尔干和爱琴海地区，意大利军队损失了接近四万名士兵。这个数字还不包括那些在流放营中死去的士兵。

*　　*　　*

　　我向斯大林说明了这个情况，并陈述了我们的政策。

---

① 参阅《戈培尔日记》。

首相致斯大林元帅：

　　既然在德国人的扶植下，墨索里尼成了所谓的法西斯政府的首脑，我们就要竭尽所能，进一步树立意大利国王和巴多格里奥的权威，以粉碎敌人的阴谋。意大利国王和巴多格里奥已同我们签订了停战协定，并在竭力地履行着该协议，还交出了他们的大部分舰队。因此，粉碎敌人的阴谋对我们来说至关重要。此外，出于军事需要，我们必须动员所有渴望对抗德国或者欲阻止德国实施阴谋的意大利部队。我们还要将这些部队召集起来。如今，他们已积极开展行动了。

　　因此，我提议劝告意大利国王在广播中向意大利人民发出呼吁，呼吁意大利人民拥护巴多格里奥政府，并宣告其目的是建立一个具有广泛群众基础的反法西斯联合政府。意大利国王还要告知其人民，没有什么事情可以阻止他们在战后决定自己想要的民主政府形式。

　　同时，意大利国王还要声明，如果意大利政府、陆军和人民在抗战中所做的贡献符合停战协议修订条款，那么他们的贡献就会得到盟国的认可。尽管意大利政府有对德宣战的自由，但是这并不意味着意大利就是我们的同盟国，而只是与我们共同抗敌的国家。

　　与此同时，尽管在当前的条件下有些条款还不能执行，我仍主张与意大利签署条款全面且完善的停战协定（我们目前尚未拟出完善的停战协定）。在这种情况下，我们要告知巴多格里奥：只要意大利政府脱离了敌人的掌控，盟国政府就有可能将历史以来属于意大利的大陆、西西里岛以及撒丁岛移交给盟国执行委员会领导下的意大利政府。

　　我打算向罗斯福总统提这些建议，也希望可以得到你的支持。从军事需求的角度出发，你就不难理解实际上这些问题亟待解决。举个例子，意大利已经将德军逐出撒丁岛，但是德军依然占据着许多岛屿和重要据点，而我们有夺回这些地方的能力。

1943 年 9 月 21 日

我收到了斯大林元帅的复电，内容如下：

斯大林元帅致丘吉尔首相：

　　我已收到你于 9 月 21 日发来的电报。

　　1. 关于劝告意大利国王在广播中呼吁意大利人民这个提议，我同意你的意见。但是，我认为非常有必要要求意大利国王在广播中清楚地表明：意大利已经向英国、美国以及苏联投降，并与这三个国家共同对抗德国。

　　2. 我同意你所讲到的，必须要与意大利签署全面且完善的停战协定。至于你保留的意见，你认为全面完善的停战协定中会有一些条款目前不能执行，在我看来，这些条款只是不能在德占区执行。无论如何，我希望听到你对这一点的证明或者必要的解释。

1943 年 9 月 22 日

我咨询过罗斯福总统对这一点的意见，我还和他说，制定长期投降条款这个工作应该交给停战委员会，毕竟这个委员会即将在意大利成立。随后，我给他发了一封电报，电报内容如下：

前海军人员致罗斯福总统：

　　如今，麦克米伦告诉我，他坚信，巴多格里奥不出几天就会在全面投降协议上签字。他还说，这个问题搁置得越久，招致的争议也就越多。鉴于停战委员会需要过一段时间才能给出意见，如果我们现在就着手解决这个问题，我会感到更加欣慰，也会为我们以后省去不少麻烦。

　　在艾森豪威尔的建议下，我们已经将开场白说得轻松了一些。我们还规定，9 月 8 日的停战协定依然有效。

1943 年 9 月 24 日

前海军人员致罗斯福总统：

（斯大林）发了一封电报给我，他在电报中表示他支持意大利国王，他还针对全面完善的条款发表了自己的意见。我没有回复他这封电报，因为我不知道你将和他说什么。你应该已经收到我的电报了。麦克米伦向我报告，他说让巴多格里奥签字是轻而易举的事情。

1943 年 9 月 25 日

罗斯福回复了我：

罗斯福总统致首相：

如果能尽快让巴多格里奥签字，我就同意你所说的长期条款。我也打算将这个想法告知艾森豪威尔。

1943 年 9 月 25 日

*　　*　　*

这时，发生了一些政治纠纷。

首相致麦克米伦先生（在阿尔及尔）：

巴里电台竟然以"意大利和阿尔巴尼亚国王及埃塞俄比亚皇帝"为名义发布广播，这实在令人惊愕。无须我多说，要是再出现一次这样愚蠢的行为，我们所有的政策都会在此处失效。难道那位国王想要被送回位于埃塞俄比亚的帝国，在那里加冕吗？

我建议，在意大利国王发表广播演说之前，我们要审阅一下他的稿子。即便时间不允许，无论如何你都要过问一下。斯大林同意我们利用意大利政府，这对我们十分有利，所以在国王演说中提及苏联尤其重要。

1943 年 9 月 25 日

9 月 28 日，巴多格里奥乘着一艘意大利巡洋舰，从布林迪西出发前往马耳他签署长期投降协议。在"纳尔逊"号战舰上，巴多格里奥受到了艾森豪威尔将军及其参谋长比德尔·史密斯、戈特勋爵以及亚历山大将军的正式接待。巴多格里奥希望可以删去无条件投降这一项条款，但是盟国的司令官们坚持认为这是由盟国政府出席的正式签字会议，因此没有任何商量的余地。

双方签完字后，巴多格里奥和艾森豪威尔将军就对德宣战一事进行了简短的讨论。巴多格里奥一直希望对德宣战。巴多格里奥参观了停泊在马耳他港口的意大利舰队后，就结束了这一天的行程。

首相致罗斯福总统：

我们认为目前不应对外透露长期投降协议的相关文件。我认为斯大林也会同意这个做法，但是如果你能代表我们双方将我们的想法告诉他，那就最好不过了。

我认为，把罗马变成一个不设防城市，这种做法是错误的，因为罗马不设防有可能会妨碍我们进军，并且也约束不了敌人。

1943 年 9 月 28 日

*　　*　　*

我们部署在意大利的军队对新形势无所适从，毕竟这三年来，意大利人一直都是他们的敌人。意大利人向盟国投诚后，在短短几周内，他们就得到了一个新的身份，其中一些人也转变了态度。我们已经不可能向意大利征收军需品了。意大利人拒绝为英国军队提供住宿；当地人对英国军票持有怀疑态度，没有意大利的定量配给证，我们的军官就申请不到食物。曾任军政长官的英国高级军官，如今在与意大利打交道时却变成了普通联络官。如今他们想要得到援助，不能强迫意大利人，只能向意大利人请求帮助。正因为这样，意大利新政府的苦恼与日俱增。尽管目前意大利政府已经为此采取了措施，但仍有很多意大利平民已经准备趁着这次变乱大谋其利。罗斯福总统和艾森豪威尔将军都认为很有必要发表公开宣言，向意大利人民解释，也向世界说明意大利的地位：意大利其实是盟国的"共同抗敌国家"。我赞成这个做法。

前海军人员致罗斯福总统：

我赞成我们应当发表一个联合公告，同时我认为这也是把斯大林联合起来的一个大好时机。目前我们很明确一点，斯大林接受意大利是我们共同作战的伙伴。的确，与莫斯科取得联系要花费我们一些时日，但是比起苏联人的加入，这种耽误似乎就无足轻重了。

如果你同意我们的观点，你是否可以按照我们期望的那种公告形式将公告内容告知斯大林？他是否会和我们一起发表这个联合公告，还是说他不想在公告上署名？当然，我们会考虑他对公告草稿提出的任何意见。

我本人对公告草稿有几处改动的意见。我将会在下一封电报中详细阐述我的意见内容。如果你对我提出的改动之处没有意见，你是否愿意与斯大林交涉并将这个公告的文本内容告诉他？

1943 年 9 月 30 日

以下是我起草的公告文本：

"英国、美国和苏联三国政府，承认巴多格里奥元帅所声明的意大利国王政府的立场，并且接受意大利及其武装部队的积极配合，将意大利看作是共同对抗德国的国家。自9月8日起，意大利发生了军事事件。德军残暴地对待意大利民众。这些事件最终导致了意大利宣战德国，使得意大利成为盟军的共同抗敌国家，而美、英、苏三国将在这个基础上继续与意大利政府合作。美、英、苏三国接受意大利政府的承诺，即把德军驱逐出境后，意大利政府将服从人民的意志。毋庸置疑，意大利人民有权通过宪法的手段，决定他们所期待的民主政府形式。意大利人民对此拥有绝对的、充分自由的权利。

"意大利政府与盟国各政府之间共同抗敌的关系不能影响最近签署的条款。这些条款要保持全面的效力。只有在意大利为盟国事业做出贡献且取得盟国政府的认可时，盟国方可允许意大利对条款进行调整。"

这一份公告文本得到了罗斯福总统和斯大林的认可。

＊　　　＊　　　＊

如今，斯福尔扎伯爵已登上了意大利的政治舞台。在法西斯党革命爆发之前，斯福尔扎曾出任外交大臣和巴黎大使。在墨索里尼当政期间，他曾被流放。旅居美国的时候，他在一群意大利人中表现得十分突出。他曾公开声明，表示支持意大利加入盟国对抗德国。近日，他给美国国务院官员写了一封信，在信中表示自己愿意与巴多格里奥共事。随着局势愈发紧张，他看到了自己在意大利重掌大权的机会，并坚信自己有权这样做。他赢得了许多美国人的支持，还获得了一些美籍意人的选票。罗斯福总统希望，在尽可能不推翻意大利国王和巴多格里奥政权的前提下，将斯福尔扎吸收到新的政府体系中来。毕竟我们所有关于意大利战役的军事思维，都是围绕着意大利国王和巴多格里奥展开的。

罗斯福总统致首相：

你在电报中提及了斯福尔扎欲与意大利政府合作的事情，

对此，我想谈谈我的看法。在我看来，他在演说中丝毫没有奉承意大利国王。同时，我从他于9月26日发表演说的文本中看到了以下摘要。这个摘要证明了他或许对我们取得战争胜利有帮助：

"在意大利现任领导人的带领下，他们认真负责、努力作战，我们的职责就是全体加入战斗，并把德国人驱逐出意大利。

"我想说，我所做的事都是为了取得战争的胜利。如果一个政府目前可以证明它有能力向德国发动战争，并将德国赶出意大利的领土，那么盟国就会信任这样的政府，也会拥护这样的政府。

"如果要我明天宣布成立共和国，那么我会说：'不，我们首先要做的事情就是将德国赶出意大利，这也是意大利人想要的结果。只有意大利独立了，意大利人民才会决定是否要成立共和国。'"

1943 年 9 月 30 日

前海军人员致罗斯福总统：

我收到了你那封提及斯福尔扎的电报。他似乎谈到了很多事情，但是和他在信中写的有很多出入。他确实应该决定，他到底是要帮助君主制的巴多格里奥政府还是要推翻这个政府？我们在决定扶植他之前，要清楚自己的立场。如果你把他送回意大利时途经英国，那让我们在英国给他更多的友好劝告，如此一来，是不是会好些？如果让他返回意大利，只是去破坏反法西斯主义和德国人的小规模战斗，我认为这没有多大用处，因为艾森豪威尔在意大利人中就能开展这些战斗。

1943 年 10 月 1 日

罗斯福总统致首相：

我收到了你那封提及斯福尔扎的电报。我收到消息，他和他的儿子预计于 10 月 3 日乘飞机到达普雷斯特威克，转赴马拉喀什。

斯福尔扎在英国逗留期间，我希望你可以好好劝劝他。

今日，我给艾森豪威尔发了一封电报，内容如下：

"请通知巴多格里奥：美国政府当前不接受格兰迪加入巴多格里奥政府。尽管格兰迪是推翻墨索里尼政府的重要人物，但是他曾经与法西斯关系密切。若是现在将他安排在布林迪西政府，恐怕会招致反对意见以及误解。巴多格里奥政府招募的人员，首先要坚持自由和民主的原则。只有这样的人才能承担起重要的职责，美国政府才会认为有理由支持现届意大利政府。

"德国已经对意大利采取了积极的交战措施。巴多格里奥政府宣布决定诉诸武力，将德国侵略者逐出意大利，这就是巴多格里奥政府最有力的武器。如果意大利想成为盟国的共同作战国家，意大利政府就必须立即对德宣战。"

1943 年 10 月 2 日

斯福尔扎在伦敦逗留期间，我和他交谈了很久。我相信我们已经达成了一致意见：在我们以最短的时间占领罗马，并建立一个具有广泛群众基础的反法西斯政府之前，斯福尔扎将与意大利国王以及巴多格里奥真诚合作。因此，我坚持我们的既定方针。在意大利解放之前，我们打算保留意大利的君主制。此举是为了将意大利政府拉入对抗德国的阵营；也为了通过增加具有代表性的人士以及坚持抗德的人士，以增强意大利政府的实力；还为了联合苏联人参与有关意大利事务的安排工作。

＊　　＊　　＊

当我们在讨论这些问题的时候，我还要求充分利用意大利的人力和船舶。

首相致外交大臣：

　　我们是否应该就意大利战俘及其劳动力问题，与意大利政府签订一个协议？我们绝不允许如此多的意大利人不受纪律的约束和管制，而任由他们闲散在英国和北非。但是，将他们遣送回国必定会对我们的航运造成压力。同时，我们需要意大利提供劳动力。若派兵看守这一大批意大利战俘，就会妨碍我们在北非的军事行动。我们的第一装甲师只用于看守战俘，相当于已经丧失了战斗力。

　　从非洲驶往英国的船舶往往是空载的。在与意大利政府签订新协议之前，我们应要求继续往英国运送意大利战俘。如果意大利人将来仍像现在这样工作，并且遵守纪律，那么我会认真考虑改变意大利人地位的问题。

1943 年 9 月 26 日

首相致海军大臣、海军副参谋长和坎宁安海军上将：

　　1. 无论是停泊在亚历山大港还是其他地方的意大利军舰，我们都决不允许这些军舰闲散无事。我目前的想法是，我们应向美国方面提议，将"利特里奥"号军舰开往美国改造，由美军支配用于太平洋战争。我还要向罗斯福总统建议，请美国在战后将这些军舰转让给我们。原因有以下三点：第一，我们承担了对意大利战争的主要力量；第二，我们的主力军舰损失惨重；第三，为了实现当前的短期作战计划，我们已经停止了建造主力军舰。我坚信，美国方面会友好地接受我们提出的这些请求。当然，我也想听听你们对以上请求的看法，同时，我也希望你们可以向我汇报这些舰只的构造情况以及造价。

2. 我们必须最大限度地利用巡洋舰以及其他军舰。我们不允许有利用价值的舰只闲置在地中海港口内。我们要将有利用价值以及现代化的战舰投入使用，将超龄军舰用作备用军舰。较旧的意大利战舰可以服役于沿海炮击分遣队，毕竟在 1944 年的小段时间内，我们在英吉利海峡以及印度洋都需要用到这些战舰。

1943 年 10 月 2 日

*　　*　　*

前海军人员致罗斯福总统：

既然斯大林已经加入我们，同意在意大利的宣言上签字，那么迫使意大利国王尽快向德国宣战已经成为我们眼下最重要的事情。我知道你也是这样认为的。我建议应向艾森豪威尔将军下指示，让他对意大利国王施加最大压力。谁都不要再说"等占领罗马再采取行动"这样荒谬的话了。在我们看来，如今正是意大利人将功补过的大好时机。如果你对此没有异议，请立即向相关人士发出必要的命令。对此，你无须再与我们商议。

1943 年 10 月 4 日

罗斯福总统立即采取了行动。

罗斯福总统致首相：

10 月 5 日，我向艾森豪威尔发了一份通知，内容如下：

"总统和首相一致认为，意大利国王应尽快向德国宣战。

我们无须等到占领罗马才采取行动，也无须等待其他战果。为了实现意大利早日向德国宣战这个目的，你必须向意大利政府施压。"

1943 年 10 月 8 日

随后，意大利国王政府于 10 月 13 日对德国宣战。

*　　*　　*

首相致麦克米伦先生（在阿尔及尔）：

我们的政策是放弃意大利大本营并扩大意大利政府左翼的势力。我们对此地可用之人知之甚少。你应密切关注这里的动态并时刻通知我。

我十分明确关于意大利政府的任何改组问题，请待我们在罗马时再商议。拥有罗马就相当于拥有意大利以及意大利天主教的契约权。巴多格里奥和意大利国王在罗马树立威望，将有更多机会召集现有的反法西斯人士。对我们来说，罗马是一个我们达成交易的地方；而对于巴多格里奥来说，罗马则是他们大展宏图的地方。

在这期间，我们不要采取任何行动削弱意大利国王和巴多格里奥现有的实力。相反地，我们必须大力支持他们，并带领他们打败我们共同的敌人。与此同时，我们还要继续召集可以增强意大利政府实力的人士。

1943 年 10 月 23 日

首相致罗斯福总统：

我所获得的情报表明，若我们此时中断意大利国王与巴多格里奥的联合演出，那么我们将损失良多。维克多·伊曼纽尔对我们来说无关紧要，但是正因为他与巴多格里奥合作，

意大利政府才将其舰队交与我们。目前，意大利舰队在战争中表现出色。同时，正是由于二者的联合，才赢得了多数不幸的意大利部队以及意大利人民的拥护，当然，还赢得了派驻在各地的意大利外交代表的拥护。如此看来，我们何必削弱这样的援助，而增加英美两国士兵的压力呢？在我个人看来，我们不应如此。在我们占领罗马，并且能够组成一个具有真正广泛群众基础的意大利政府以前，我们不鼓励对巴多格里奥与意大利国王的政权进行任何改组。

我了解到艾森豪威尔大体上支持这个观点。在确信能有更好的收获以前，我们一定要坚守我们既得的成果，而且也只有在占领了罗马之后，我们才能收获更好的成果。

1943 年 11 月 6 彐

这就是我起身前往开罗和德黑兰的时候，意大利风雨飘摇的局面。

第三章

THREE

罗得岛：痛失得胜良机

罗得岛,占领东地中海地区的关键——我们有能力控制爱琴海——威尔逊将军的计划受阻——联合参谋委员会同意占领罗得岛、莱罗斯岛以及科斯岛——德军坚守罗得岛——德军重夺科斯岛——攻占罗得岛势在必行——希特勒决意攻打罗马南部,该计划彻底破灭——我方驻莱罗斯岛卫戍部队的命运——德军发起攻击——沉痛打击——少数迂腐分子的顽固阻挠

正因为意大利投降,我们才得以用极小的代价在爱琴海夺取丰厚的战利品。意大利的卫戍部队均听从意大利国王以及巴多格里奥的指挥。只要我们在他们被德军震慑并缴械之前抵达那些岛屿,意大利卫戍部队就有可能向我们投诚。德军在这些岛屿上部署的兵力并不多,但是他们或许在很久之前就怀疑意大利军队的忠诚,并采取了一定的措施。长期以来,罗得、莱罗斯以及科斯这三个岛屿都是我们的战略要塞,守住这些岛屿要塞是我们在次要作战区的重要战略目标。罗得岛是这些岛屿的重要门户,拥有得天独厚的战略资源——飞机场。若我们的空军可以从这些飞机场起飞,便可以保卫我们所占领的岛屿,并对这些水域实行全面的海军管控。更重要的是,如果将一部分驻守在埃及或昔兰尼加①的英国空军派驻罗得岛,这样同样能保卫埃及,甚至将埃及保护得更加周全。对于我而言,如果我不捡起这些宝贝,那就等于错失良机。我们有实力对爱琴海实行海、空管控,这或许会对土耳其产生决定性的影响,这是因为此时意大利溃不成军,土耳其

① 指利比亚东部地区。——译者注

已深受震撼。如果我们可以利用爱琴海和达达尼尔海峡①，我们就可以开辟前往苏联的捷径。如此一来，我们就不需要组织北极护航队，毕竟北极护航队执行这样的任务风险和成本都是极高的；我们还可以放弃那条经过波斯湾的漫长且令人厌倦的供应线。

从这时开始，我就意识到我们必须做好准备，充分利用意大利溃败或是德军遭受围歼所形成的局势。

首相致伊斯梅将军，转参谋委员会：

1. 眼下有一项重要的工作，我们必须想尽办法完成这项工作。万一意大利军队在克里特岛②和罗得岛抵抗德军时陷入了僵局，我们就必须尽早援助意大利军队，并借此获得当地人民的拥护。

2. 今天，我们应当通知中东方面的部队：若是发生紧急事件，他们可以停止对土耳其的所有供应；他们还要准备好远征部队（不一定要将部队编成师），抓住每一个可能获得胜利的机会。

3. 我们没有时间对部队进行常规编制，只能利用现有的作战部队。在不干涉意大利的主要军事行动的前提下，我们是否能挪出几艘攻击舰艇？但这并不意味着那些作战部队只能由装甲登陆舰运输。假如岸上的盟友能为他们提供帮助，情形就会有所不同。请告诉我，小帆船和舰载小艇是否可以在舰只和海岸之间使用？

我希望参谋委员会可以支持这个行动。虽然这个行动有一定风险，但是我们不需要付出多大的代价就可以坐享丰厚的战果。

1943 年 8 月 2 日

---

①　土耳其海峡的一部分，位于小亚细亚半岛与巴尔干半岛之间，亚洲与欧洲分界处的海峡。——译者注

②　位于地中海北部，是希腊的第一大岛。——译者注

在过去的几个月里，中东司令部一直在完善夺取罗得岛的计划和准备工作。8月里，第八英印师已经在作战行动中进行了实战演练，并准备于9月1日乘船出发。但在8月26日，为了执行去年5月在华盛顿会议上所做的次要决定——对缅甸海岸发起行动，中东司令部接受了联合参谋长委员会的命令，将原本用来运送第八英印师前往罗得岛的舰船派往印度。如今，第八英印师也已奉命编入驻扎在地中海地区的盟军部队。

*　　*　　*

意大利投降一事影响巨大。这时，我的思绪飘到了爱琴海周边的岛屿上，毕竟攻占这些岛屿是我们长期的战略目标。9月9日，我在华盛顿给中东总司令威尔逊将军发了一封电报。我告诉他："我们大展身手的时候到了。我们要随机应变，无所畏惧。"威尔逊将军渴望尽快开展行动，无奈他的部队已被抽调一空，仅剩第二三四旅可供调遣。该旅中的一部分士兵来自曾在马耳他接受了艰苦考验的卫戍部队。另外，除了那些用当地材料拼凑的船，威尔逊将军并无其他舰只可用。最近，那些训练有素的攻击舰艇也被抽调走了。虽然这些舰艇原本在威尔逊的管控范围内，但是美国对我们施加了巨大的压力。这些抽调走的舰只要么被调至西面，为将来发动的"霸王"作战行动做准备；要么被调到了印度战场。人们（至少中层官员）依然严格遵守着意大利溃败之前签署的协议，甚至遵照着适用于完全不同情况下的协议。为了在多德卡尼斯群岛上迅速采取行动，威尔逊将军制订了周密的计划。但是，他的计划被无情地打乱了。因此，我们唯有竭尽全力，用我们仅有的兵力占领那些具有重要战略意义和政治意义的岛屿。

戴维·斯特林中校曾获三级特殊功勋章。他组成了特殊空中防务团，该团已经在敌人后方两三百英里处成功地袭击了敌人的机场。最近，他更将特殊空中防务团的活动扩展到了沙漠以外的地区。9月9日晚上，陆军少将杰利科领导了一个小队空降登陆罗得岛，以迫使该岛屿投降。陆军少将杰利科勋爵是杰利科海军上将的儿子，杰利科海军上将也曾领导过这支勇敢的作战部队。如果我们能攻占一个港口和一个飞机场，并迅速调遣英国部队，或许可以鼓励意大利军队战胜那些人数比他们少的德军。然而，在德军的顽固抵抗下，意大利军队屡屡让步。杰利科不得不带着他的小队匆匆撤退。此后，如果我们想要攻占这个被六千德军驻守的罗得岛，我们就需要更多的兵力，并且要比中东司令部现在能调遣的还要多。

根据魁北克会议，联合参谋长委员会于 9 月 10 日做出最后决议，特别批准攻占罗得、莱罗斯以及科斯岛。威尔逊非常果断，他迅速将一些小规模的部队经由海路和陆路派遣到其他岛屿。9 月 14 日，他发来一份报告，内容如下：

梅特兰·威尔逊将军致帝国总参谋长：

罗得岛的情况迅速恶化，对此我们很难展开行动。德军对意大利进行了轻度轰炸后，意大利就（向德国）交出了城镇和港口。此后，我们只能采取突击登陆的方法了，这才是可行的措施。然而，不幸的是，第八英印师虽然曾经为了这个行动进行了训练和演习，现在却已被抽调至地中海中部作战，海军部也已经下令将他们的大小舰船分配到各地。罗得岛的意大利军队士气极其低落。即便他们曾经宣誓抵抗德国，但如今他们没有丝毫抵抗德国的意图。我们已经占领了卡斯特洛里佐岛，并且派部队前往科斯、莱罗斯和萨摩斯等岛。我们将于今日在科斯岛成立一支"喷火"式战斗机分队，并于今晚用降落伞运送步兵驻守该岛。我们也将派遣一支步兵分遣队前往莱罗斯岛。我提议，今后我们可以对敌人部署在爱琴海的交通线采取偷袭战，并在机会来临之际，派遣希腊部队攻占希腊诸岛。由于新西兰师也将调至地中海，目前第十英印师是唯一可以调遣的部队，然而，这支部队的配备却并不精良。

　　由于中东地区所有的物资都是由艾森豪威尔将军统筹的，我们无法突袭登陆罗得岛。虽然我们的时间所剩无几，但是我希望我们可以采取土耳其在 1522 年采取的方法攻陷该岛。

1943 年 9 月 14 日

　　若我们无法攻陷罗得岛，我们就要开始担心我们之前在整个爱琴岛所获得的战果。唯有充分利用强大的空军力量，我们才有可能达成我们的目的。只要我们能达成一致的意见，这件事就不会浪费我们太多时间。尽管我们已主动将所有兵力交给艾森豪威尔将军及其参谋调配，但是他们似乎没有意识到这些唾手可得的目标。

　　如今我们已经知道，德军曾预料到我们将会在他们的东南翼造成致命的打击。对此，他们感到非常恐慌。9 月 25 日，德国在元首总部召开会议。在会上，陆军和海军参会代表都强烈建议，趁现在还有时间，应将克里特岛和爱琴海上其他岛屿的兵力撤离出来。他们指出，这些重要基地是他们在地中海东部发动进攻的过程中占领的，但是如今这些基地的局势发生了翻天覆地的变化。他们强调，德军要避免损失兵力和物资。假如没有这些兵力和物资，德军无法在欧洲大陆上防御敌军。但是希特勒驳斥了他们的观点。他坚持不撤兵，尤其要坚守克里特岛和多德卡尼斯群岛，因为他认为撤兵会造成不利的政治影响。他说："东南部的同盟国以及土耳其对德军的态度如何，完全取决于他们是否信任我们的实力。如果我们放弃这些岛屿会造成极其不利的影响。"事实证明，他决定攻打爱琴海诸岛这个决定是正确的。他以最小的损失在这个次要战场上获得了主要的战略地位。虽然他的计谋用在巴尔干半岛是行不通的，但是用在爱琴海诸岛却是捷报频频。

＊　　　＊　　　＊

　　我们没有占领克里特岛的打算，这是一个正确的决定。德军在克里特岛派遣了大量的卫戍部队，迅速地解除了意大利军队的武装，并对意大利军队实行管控。幸好，在其他外延的小岛上，我们的军事行动进展得还算顺利。9 月 15 日，部队从海空两路开始行动。英国皇家海军还派遣了驱逐舰和潜水舰，以便协助部队的行动。至于其他舰只，比如小型滑行艇、帆船以及汽艇，都尽数投入使用。同时，三个营的部队在月底分别占领了科斯岛、莱罗斯岛以及萨摩斯岛，小规模的分遣队已经登陆了多个岛屿。这些部队发现，他们遇到的意大利部队都很友好。但是这些意大利部队对自己的海防和空防过于自信了，事实上他们的防御工事不容乐观。如果我们只用目前能够支配的舰只，几乎无法运输重型武器和车辆。

除了罗得岛，科斯岛的战略地位也极其重要。该岛拥有一个机场，我们的飞机可以从此地开展行动。很快，这个机场就投入了使用。我们还将 24 门"博弗斯"大炮运过来防御敌人。事实上，该机场已经成为敌人攻击的首要目标。从 9 月 19 日起，该机场频繁遭到空袭。我们的侦察机发回报告，敌人的护卫队正向我们逼近。10 月 3 日黎明，德国伞兵空降科斯岛机场中央，并打败了我们那一连独守机场的部队。敌军登陆科斯岛北部，切断了我们对其他营的支援。在长达三十英里海岸线的岛屿上，如今，我们唯一能够调动的营面临着这样的双面夹击，很显然是无能为力的。科斯岛沦陷了。虽然海军在这次作战中失败了，但是他们已经尽全力阻挠敌军逼近科斯岛。这次作战失败，很大程度归咎于该岛只有三艘驱逐舰，其余的都被抽调到了其他地区，这是一件不幸的事情。马耳他的局势并不是很紧张，但是一部分海军主力都在马耳他集合了；同时，我们的两只战舰需要奉命开往马耳他岛，还需要其他舰队前去护送。

* * *

9 月 22 日，为了在 10 月 20 日前后展开对罗得岛攻势，威尔逊在报告中提出了基本的增援请求，他的要求并不过分。除了要运送第十英印师和部分装甲旅，他仅要求增援护卫舰、炮击舰、三艘坦克登陆

艇、几艘军事运输舰、一艘医院船，以及足够空运一个伞兵营的运输机。我们无法支援爱琴海的军事行动，对此我感到十分烦恼。9 月 25 日，我致电艾森豪威尔将军：

> 你很快就会收到中东总司令汇报罗得岛战况的电报。攻占罗得岛是攻克地中海地区和爱琴海地区的关键。如果德军向罗得岛增派兵力，对我们来说就是极大的祸害。中东司令部提出的要求都是最基本的。如果你能告诉我怎么解决这个问题，我将感激不尽。我迄今尚未向华盛顿方面提及这个问题。

如今为了获得罗得岛这个战利品，守住莱罗斯岛，重夺科斯岛，我们请求美国盟友给予一些援助，这似乎是微不足道的请求。在过去的三个月里，我不断地对他们施加压力，因而他们做出了让步。但是也正因为这种让步，他们取得了惊人的胜利。我认为，我有权利请求盟军向英国军队提供少量援助。因为英国军队一部分在爱琴海地区作战，而另一部分接受了联合参谋长委员会的命令，前往危险的阵地作战。只要我们拥有能够运输一个师的登陆舰，同时盟国空军主力部队援助我们几天，罗得岛将会是我们的战利品。如今，德国已经重新控制了爱琴海的局势，并派遣了很多飞机前往该地，目的就是破坏我酝酿中的计划。

*　　　*　　　*

我向罗斯福总统全面详细地说明了这一问题。

前海军人员致罗斯福总统：

1. 我十分关心地中海东部地区的发展形势。意大利崩溃之际，我们派遣了数支小规模的分遣队从埃及攻入希腊地区的几个岛屿，尤其是科斯岛和莱罗斯岛。科斯岛拥有一个飞机场；而莱罗斯岛则是意大利的海军基地，这里有杀伤力强大的永久炮台。我们之所以冒着危险进攻这些岛屿，是因为我们希望意大利驻防部队会欢迎我们的到来并且加入抵抗德国的阵营中。然而，我们的希望落空了。科斯岛已经沦陷，只有我们的一些部队还在山区背水一战。莱罗斯岛也许也难逃此厄运。我们攻占罗得岛的计划也尚未成功。

2. 我相信你们会发现：只有军事政治合力，才能攻克意大利半岛和巴尔干半岛。事实上，这是我们必须应对的统一战场。如果我们忽视爱琴海的局势，我们或许就不能取得意大利战役的胜利。显然，德军把重点放在了东部战场。虽然德军空军力量紧张，但是他们还是毫不犹豫地从中抽出一部分兵力维持其在东部战场所获得的地位。他们不得不担忧匈牙利和罗马尼亚叛变，也担忧保加利亚会爆发激烈的分裂行动，而土耳其也会随时起来反抗德国。由此可见，德国在希腊地区和南斯拉夫地区的局势是多么不利。在我们的军事努力下，意大利发生了政治变革。当我们想起这些辉煌的成绩时，我们要是忽略了以上我提到的那些国家可以造成同样的局面或者是更有利的局面，那么我们是不是目光短浅了？如果我们可以促使那些国家有所行动，我们在意大利所承担的联合行动任务就会大大减轻。

3. 我从来都不指望派遣军队前往巴尔干半岛，而是希望用特工、军需供应以及突击队协助巴尔干地区日益蓬勃发展的游击战。这种做法对我们的主要军事行动影响极少，但是可以为我们带来不可估量的战果。我所要求的是，攻占罗得岛和多德卡尼斯群岛上的其他岛屿；我们的中东空军向北推进，并在这些岛屿或者在土耳其海岸上建立军事基地，从而迫使敌军分散兵力，这样我们就更加容易取得胜利，同时还为我们在新战场上削弱敌人的空军力量提供了机会。由于德军空军力量是一体的，我们与其交锋越久，对我们就越有利。

4. 攻占罗得岛是取得上述所有战果的关键。我并不认为我们目前的进攻计划足够完美。攻占罗得岛需要且值得我们派出最精锐的师团。当然，只要我们占领了该岛，我们就可以将卫戍任务交给普通部队。莱罗斯岛是一个重要的海事堡垒。虽然我们目前还需要谨慎地防守该岛，但是我们一旦在该岛扎根，空军部队和轻型海军部队就能在此大展身手。我们要想这个策略取得成果，就要全力且果断地投入最精锐的部队和足够的运输工具。这样的做法只是暂时将重点从主战场转移过来，然而结果却具有深刻且永久的意义。

5. 我恳请你考虑这一问题，勿要将其搁置一边，否则我们在接下来关键的几个月里，所有的设想都将会落空。即便是我们要将运送一个师的登陆艇和袭击舰从"霸王"作战计划的编制中调离出来并使用几周（不改变预定的行动日期），这也是值得的。我认为，我们很容易会失去一个大好时机，因为这个机会稍纵即逝。如果你认为此计可行，能否在联合参谋长委员会采取决定之前，让马歇尔将军看看这封电报？

1943 年 10 月 7 日

我收到了罗斯福总统的电报。他将这封电报发给了艾森豪威尔将军。实际上，这封电报表明了他们拒绝援助我们。这使得我得到罗斯福总统的允诺后，又让我独自一人面对即将到来的打击。我们在过去好不容易压制下去的消极势力，现在又有卷土重来之势。

罗斯福总统致丘吉尔首相：

为了在罗马北部顺利发展一条安全线，我不想强迫艾森豪威尔改变计划，因为这会影响我们在意大利尽早实施行动。

如果艾森豪威尔认为变更任何计划会影响盟军在意大利的局势，那么我就会反对这种变更。我们都知道敌人在地面

部队和装甲师方面有着显著的优势。因此，艾森豪威尔在意大利的局势中巩固盟军地位的过程显得特别缓慢。

我认为任何一次调遣部队或者装备的行动，都不应影响"霸王"作战计划如期进行。

美国三军参谋长也同意以上观点。

我已将此电报备份，并发给艾森豪威尔将军。

1943 年 10 月 8 日

我特别注意到这样一句话："我认为任何一次调遣部队或者装备的行动，都不应影响'霸王'作战计划如期进行。"无论如何，目前距离实施"霸王"作战计划还有六个月时间。如果有人宣称延迟六周归还用于"霸王"作战计划的九艘登陆舰，就会影响 1944 年 5 月的重要军事行动，那么这简直就是无视各项计划的轻重缓急，毕竟那九艘登陆舰只是五百艘参与"霸王"作战行动的登陆舰中微不足道的一部分。因此，我决定向罗斯福总统发出一个更恳切的呼吁。今年 6 月，我和马歇尔将军一同前往了阿尔及尔，而我们的一切好运气就是从那次旅行开始的。回想到此事产生的深远影响且对我方有利的结果，我认为我们可以再做一次这样的事情。我已做好一切准备，准备立即飞往突尼斯。

首相致罗斯福总统：

1. 我回想起过去，我们齐心协力收获了累累硕果。我们只有勠力同心，才能开创未来。因此，在这个关键时刻，我热切希望你可以慎重考虑我的意见。

2. 我确信，如果我们现阶段放弃攻克罗得岛，并忽视整个地中海地区的局势，将会造成重大的战略错误。我也坚信，如果我们能开会讨论这个问题，这个行动就会纳入我们的计划，既不会影响我们进攻意大利，也不会阻碍我们实施"霸王"作战计划。你也知道，我一直提倡进攻意大利，并且大

力支持"霸王"作战计划的筹备工作。

　　3. 当时我们在魁北克接到通知，通知中表明：在12月1日之前，我们在意大利集结的军队能够登岸的不超过十二个师。你是否还记得我那时的焦虑？现在到了10月8日，已经有超过十五个师登岸，其中十二个师已参与作战行动。我们得知敌人正在向北撤退，并且打响后卫战，夺走我们的战利品。我们不能确定能否在10月份或11月份占领罗马，但是我们能肯定的是，在12月或者12月之后，我们才能在意大利北部与德军主力正面交锋。当然，我们还可以控制进军的速度。

　　4. 因此，我们可以调遣一个师的兵力攻克罗得岛，并且在我军抵达德军防线以前，将其调回意大利战线。我们有足够的时间实现这些行动。

　　5. 我们必须找出解决这些困难的方法，并且要明确我们该做的事情。如果你同意派遣马歇尔将军或者你的私人代表前往艾森豪威尔的总部与我会面，我愿意马上携英国三军参谋长们前去。我们会将研讨的结果交给你和美国三军参谋长们。星期天（10月10日）下午我们便能抵达。

1943年10月8日

当天稍晚的时候，我再次致电罗斯福总统：

　　1. 我应当补充几句。我曾经说过，如果在本月从地中海地区运送那九艘登陆舰前往罗得岛，我们就推迟六周再将其送回原地，这对"霸王"作战计划的影响甚微，毕竟现在距离真正实施"霸王"作战计划还有接近六个月的时间。因此，我认为，在处理我们的共同事业时，我们应该灵活应对，并留出合理的回旋余地。

　　2. 为了训练登陆舰，魁北克会议曾决定，从地中海派遣

四艘登陆舰前往盂加拉湾。事实证明这一决定是错误的。我们要根据意大利投降所打开的局面再次斟酌这个决定。不幸的是，我们并没有这么做。本来我们可以轻而易举地夺得中东地区这个丰厚战利品，但是此时中东地区却被剥夺得所剩无几（指登陆舰）。

1943 年 10 月 8 日

我们要注意，这两封电报的日期是 10 月 8 日，这一点十分关键。就在那一天，我们收到了确切的情报。情报表明敌人在后卫部队的掩护下向罗马或者罗马北部撤离。一两天后，我们才明白，原来敌人的意图是占领罗马南部并在那里与盟军交战。尽管这导致新局面的产生，但并没有直接威胁到我们在意大利的部队。

罗斯福总统致首相：

我收到了你于 10 月 8 日发来的电报，我研究了你的意见后，又和参谋长们一起慎重考虑了一番。由于敌军拥有精锐的陆军部队和海军部队，并且他们的统帅智勇双全。所以我担心我们的军队会遭到敌军的攻击。尤其是考虑到，我们格外希望在意大利获得一条绝对安全的战线。

我十分理解你在地中海东部地区的困境，我之所以发上一封电报，目的是告诉你：不要从意大利调动任何部队，因为这会影响那些部署在意大利的盟军部队；也不要为了任何小目标，采取任何影响"霸王"作战计划顺利实施的行动。

如今我们已经掌握了所有的事实，我们可以判断调遣部队会对罗得岛战役有何影响。在我看来，这已经不仅仅是占领罗得岛的问题了，也意味着我们要继续进军。敌人也一定想到了这一点。如果我们停止进军，那么敌军将从科斯岛和克里特岛进军，两面夹击罗得岛。

我赞同在不作任何严肃承诺的情况下，尽量在多德卡尼

斯群岛夺取据点。但是目前的局势表明，我们不仅要进行一次组织良好且坚决的军事行动，还要将这一军事行动贯彻下去。为了执行这一军事行动，我们还需要从其他途径调遣作战资源，主要包括战舰和空军，但是我们无须调遣地面部队。我们必须要从意大利地区、"霸王"作战计划以及蒙巴顿领导的两栖作战中调遣这些作战资源。那么，我们接下来遇到的问题是：我们是从南部趾形地区拉开巴尔干半岛的战役，还是迅速进军罗马北部地区并形成一条安全的战线，以此获得更多战果？我认为，盟军在攻打巴尔干半岛面临的问题，比攻打罗得岛时所采取的两栖作战还要危险。因为敌军清楚地知道，我们缺乏持续进攻罗得岛的必要作战资源。我不禁反思：如果我们采取策略攻占了爱琴海诸岛，之后我们将何去何从？反过来想想，如果德军继续占领着那些岛屿，他们又将何去何从？

至于你提议的，周日（10 日）在非洲召开一次例会，这实际上是联合参谋长委员会的另一次会议。我没有资格参加这次的会议，因为这次会议只要求一些必要的代表参加。坦白说，在当前的处境下，我并不赞成这样的做法。在我看来，在联合参谋长委员会的监督下，由我们讨论这个问题，将会得出最好的调整方法。这样做会比用你提出的方法更能解决问题。由于我们已经掌握了大量的事实，明天在突尼斯召开会议后，我们很快就会得出结论。

1943 年 10 月 9 日

* * *

罗斯福总统的回复打破了我最后的希望。现在，我能做的就只有请求罗斯福总统按照那封否定我建议的电报中所讲，不要在总司令会议上妨碍自由讨论。我这一请求合情合理，因此得到了罗斯福总统的赞同。

首相致威尔逊将军：

你应在会议上强烈要求盟军加强支援"武士爵位授予式"作战计划（攻占罗得岛）。我认为，目前盟军为此作战计划分配的兵力不够。如果我对你不管不顾，任由你的部队遭受打击，那么情况会变得非常糟糕。我们都心知肚明，如果要想下个月在地中海地区获得关键的战略性局面，我们就必须"攻克罗得岛"。我们用寥寥五个字就可以概括这个措施。因此，切勿草率行事。如果你有什么需要就尽管提出，并且与亚历山大多沟通。我也会尽我所能帮助你。

1943 年 10 月 9 日

首相致罗斯福总统：

1. 我冒昧地向你提出的意见，已蒙你费神费力地思考，对此，我非常感谢。得知你不能派遣马歇尔将军出席会议，我便取消了我的行程。我已经电话通知威尔逊了，如果没有你的允许，我也不会前往艾森豪威尔总部。

2. 我读了你今天发来的电报，非常同意你在电报中最后说的几句话。你认为，我们应该静候预定于今天在突尼斯召开的会议的结果，然后通过联合参谋长委员会，研究调整战略。

3. 10 月 8 日，你发了一封电报给我，并且这封电报的副本已经送给了艾森豪威尔将军。然而我担心的是，大家会把这个副本当作是你下的命令，并且认为这个议题已经有了定论。如果真是如此，我会觉得非常难以接受。因此，你应向大家说明，这次会议将自由地从各方面审查整个问题，并且通过联合参谋长委员会向我和你汇报会议的讨论结果。我要求与会成员在听取了中东代表提出的观点后，自由且耐心地对整个问题给予全面、公正的考量。

4. 目前，威尔逊将军计划于 23 日，带领自己指挥的部队或者是艾森豪威尔将军分配给他的部队攻打罗得岛。威尔逊将军认为这些兵力是足够的，但是我在想这些部队是否足够精良。

因此，我在思考，他究竟是该用这些微不足道的援军攻打罗得岛，还是取消这次行动呢？

5. 如果取消这次行动，就算我们能多坚守几日莱罗斯岛，也避免不了莱罗斯岛沦陷的命运，进而被迫完全放弃爱琴海岛屿上所有的立足点。如此一来，爱琴海将成为一个禁区。这对我们来说没有任何好处，反而会对其他国家造成政治上和心理上的创伤。

6. 我非常赞同你的观点：在意大利集结兵力极其重要。艾森豪威尔将军的作战行动与我们有着重要的利益联系。为了协助艾森豪威尔将军的作战行动，我已经削减了英国指挥部在中东的一切供应。我也已经证明了我对此事的热忱。

1943 年 10 月 9 日

我收到了罗斯福总统的复电：

罗斯福总统致首相：

我曾给艾森豪威尔发过这样一封电报，电报内容如下：

"丘吉尔首相给我发了一封电报。他在电报中表达了自己的担忧。他担心你看了我于 10 月 8 日发给首相的电报以后，会将电报的内容当作是我下的命令，并认为该议题已经有了最终的结论。因此，丘吉尔首相希望我能向你说明：在原定于今天在突尼斯召开的会议上，与会人员要自由地讨论整个议题的方方面面，随后还要通过联合参谋长委员会将议题的结论（主要是你和威尔逊将军的结论）向总统和首相汇报。

丘吉尔首相要求，你们听取了中东代表提出的意见后，要在会议上自由且耐心地对整个议题给予全面、公正的考量。

"总统的指示是：你应遵循首相提出的上述要求，并以此作为你的行动方针。"

1943 年 10 月 9 日

会议进行到关键的时刻。此时，我们收到一份情报。这份情报透露，希特勒决定增援其部署在意大利的部队，并意图在意大利南部发动一场大规模的战役。该情报推翻了一个定论，即攻打罗得岛只需要少量的援兵。威尔逊作了一份报告：

威尔逊将军致首相：

1. 昨日，在突尼斯会议召开之前，我收到了你的电报。我也与坎宁安和亚历山大两人讨论了这个问题。我认为，就目前增援的规模而言，夺取罗得岛的计划恐有失败的风险。我们原本可以在停战期间完成夺岛的计划，然而不幸的是，前些日子我们的航运工具被尽数调走。这样的机会稍纵即逝，而我们当时却无能为力。

2. 自那以后，局势就发生了变化。目前，我们已经处于劣势。如果我们一开始只派遣一个旅进行突击，四天后再派遣另一个旅，要是遇到恶劣的天气，那么我们两批部队就有可能会被敌人逐个击破。昨天，我们在会上一同拟定了目前攻克罗得岛所需的兵力。但是如果我们要派出这么多兵力，必然会调用"霸王"作战计划的登陆舰，以及亚历山大用于进攻的舰船、登陆舰以及飞机。根据我们昨日收到的最新情报，意大利的局势也发生了显著的变化。因此，我唯有批准亚历山大调动现有的资源用于作战。

3. 今天早上，我和约翰·坎宁安以及林内尔在假设推迟实施夺取罗得岛的情况下，回顾了爱琴海的局势。我们得出

了一个结论，那就是我们无法攻占莱罗斯岛和萨摩斯岛，即
使是防守也变得日益艰巨，并且我们还得依赖与土耳其军队
的合作。待艾登星期二抵达此处，我将与他商讨此事。无论
如何，撤离卫戍部队是一个极其棘手的问题。我们希望永远
不要出现这个问题。由于我们坚守爱琴海战场，敌军为了将
我们赶出爱琴岛，调遣了大批部队。

1943 年 10 月 10 日

我立即回复威尔逊将军：

首相致威尔逊将军：
　　我希望你可以坚持执行原计划。未来我们将会获得辉煌
的战绩。请你与艾登一同商议此事，并看看能否获得土耳其
人的帮助。① 当你已经尽了一切努力却仍然被迫放弃执行原
计划时，我一定会支援你。胜利就是我们最好的战利品。

1943 年 10 月 10 日

　　如今，局势已经发生了变化。虽然我能理解那些曾参加过意大利
战役的将军们的意见或多或少受到了影响，但是，我心中依然不相信，
直到现在都无法相信，竟然没有几个人支持攻打罗得岛。我仿佛像是
在战场上受了重伤一样，感到了锥心般的痛楚。即便如此，我还是让
步了。在不得不让步的情况下，一个人再挣扎也是徒劳的，我能做的
就是表现出得体的风度。目前我们还有很多重大事项有待解决，我万
万不能在此时与罗斯福总统置气，免得两人互生嫌隙。于是，收到了
从意大利传来的消息后，我接受了那个我曾经认为——现在还认为是
缺乏远见的决定。于是我给罗斯福总统发了一封电报。即便我在其他
地方也曾提起过这份电报中第一段的内容，现在我再次将全文内容告

---

① 艾登先生正前往莫斯科参加外交大臣会议。

诉大家。电报内容如下：

前海军人员致罗斯福总统：

1. 我已经读了艾森豪威尔将军在会上宣读的那份报告。德国企图迅速增援意大利南部，并在抵达罗马之前展开一场战斗。艾森豪威尔将军将德军此番行动恰当地比喻为"在过去的四十八小时内的一场巨变"。我认为，我们只打退敌人的卫戍部队是没有用的。我们在抵达罗马之前就必须要做好准备，迎接每一场激烈的袭击。因此，我赞成在会议上得出的那个结论：我们不能指望能在较为平静的时期夺取罗得岛，并且我们要将所有能调遣的精锐部队集结到战场上。而对于类似罗得岛这样的问题，我们可以参考艾森豪威尔先生的建议，将这些问题留到我们在罗马北面成功建立冬季战线后再考虑。

2. 如今，我必须要正视爱琴海的局势。尽管我们曾计划于23日攻打罗得岛，但是莱罗斯岛有可能在23日之前就沦陷了。假如土耳其人同意让我们使用附近的登陆点，我们是否仍然可以利用属于中东司令部的资源收复科斯岛呢？我已经要求艾登与威尔逊将军和坎宁安海军上将一同商讨这个问题。如果这样做还于事无补，除非我们今晚或者明晚足够幸运，可以成功炸毁敌军的攻击舰，否则莱罗斯岛必定会落入敌人手中。

3. 因此，我建议你通知威尔逊将军，假如他觉得无力挽救局势，那么他有权命令驻防军在夜间撤退，并尽可能带上意大利军官和意大利人撤离。我们不能指望意大利人参战，况且我们也只有一千二百名士兵。这些士兵甚至不够分配攻打敌军必要的小部分炮台，就更加不用说派遣士兵防守外围阵地了。土耳其的收容所防守松懈，并且可能很快就会被敌人攻陷。我们的士兵或许可以沿着土耳其海岸撤出来。

4. 我在做这个决定的时候是多么的痛苦，对此，我并不想赘述。

1943 年 10 月 10 日

＊　　　＊　　　＊

我告诉亚历山大：

首相致亚历山大将军：

　　如今，你要尽力收拾残局……如果该事已成定局，而你也无能为力时，你应与威尔逊将军一同商议：莱罗斯岛的卫戍部队是否应撤往土耳其，还是让他们炸毁炮台后沿着土耳其海岸设法脱险？同时，你们还要竭力将派驻在其他岛屿上的远程沙漠部队撤离出来。如此一来，总比任由他们沦为敌军的阶下囚，让意大利军官遭受敌军枪杀要好得多。

1943 年 10 月 10 日

我还致电威尔逊：

丘吉尔首相致威尔逊将军：

　　你充分利用了目前为数不多的残余兵力。对此，我深感欣慰。请勿气馁。

1943 年 10 月 14 日

＊　　　＊　　　＊

过度谨慎到头来却是一无所得。事实证明，我们还要八个月的时间才能占领罗马。我们原本可以在两周内，用那些舰只协助部队攻占罗得岛，但是在整个秋冬两季，我们却多用了二十倍的舰只，将英美重型轰炸机的基地从非洲运往意大利。罗得岛依然是我方的一大障碍。土耳其眼看着盟军在它的海岸附近却迟迟不采取行动，于是就变得不那么积极了，还禁止我们使用它的飞机场。

美国参谋人员固执己见，如今英国人却要为此付出代价。虽然我们竭力保持我们在莱罗斯岛的地位，但是我们在莱罗斯岛上的部队规模甚小。实际上，我们部队的命运已经无法改变了。我们已经自愿将自己最精锐的地面作战部队和空中作战部队交给艾森豪威尔将军指挥了，并且我们交出的部队规模远超 5 月份双方在华盛顿或者是 8 月份在魁北克协定的规模。我们还不遗余力地增强驻意大利的守军，并且强化程度已经超过了最高统帅部的计划和期望。如今，我们却不得不思考，我们能用剩下的兵力做什么？莱罗斯岛和萨摩斯岛已经遭到了猛烈的炮轰，这很显然是德军展开攻势的序曲。莱罗斯岛的卫戍兵力已经达到一个旅——其中有三个精锐的英国步兵营。① 他们经历过马耳他岛的围攻，也遭遇过岛上的饥荒，现在他们仍在恢复体力和战斗力。

在科斯岛沦陷的那天，海军部曾下令增援强大的海军部队，其中包括五艘从爱琴海开往马耳他的巡洋舰。艾森豪威尔将军还派遣了两队远程战斗机作为临时援助，前往中东地区。这些支援部队抵达以后，很快就发挥出自己的作用。10 月 7 日，盟军部队在海空行动中，摧毁了敌人一支运载着支援部队前往科斯岛的护航队。几天后，我们的海军又击沉了两艘敌人的运输舰。然而，11 日当天，远程战斗机却撤离了。由此，我们的海军再次面临着两年前夺取特里克岛之战中出现的相似情况。敌军掌握了制空主动权，并且我们的舰只只有在夜间行动才不会遭受严重的损失。

---

① 第四英国皇家东方肯特步兵营、爱尔兰皇家火枪第二营、禁卫军第一营。

＊　　＊　　＊

战斗机撤离后，莱罗斯岛最终难逃一劫。敌人得以在不受严重干扰的情况下，利用分散的小规模船队继续壮大其部队力量。如今我们知道，敌军在运输方面处于危险的境地。敌军之所以延迟攻打莱罗斯岛，主要是因为他们担心盟军会攻打亚得里亚海。10月27日，我们听闻四千名规模的德国阿尔卑斯山地部队和多艘登陆舰已经抵达比雷埃夫斯。很明显，他们的目标是莱罗斯岛。早在11月初期，我们就收到了关于敌军登陆舰行动的情报。该情报预示着敌军将对莱罗斯岛展开攻击。德国部队和飞机夜间隐藏在群岛之中，躲避我方驱逐舰的攻击。白天他们便在威力强大的战斗机的保护下，编成小队前进并集结起来。我方海军和空军竟然无法抵挡敌人暗中逼近。

我方驻防部队保持了警惕，无奈他们的人数太少了。莱罗斯岛被两个狭长的地带分割成三片崎岖不平的山区。我们在每一块山区都部署了一个营的兵力防守。11月12日凌晨，德国部队在莱罗斯岛的东北端登岸，同时还在莱罗斯城镇的海湾东南部登陆。我们在城镇击退了敌人的第一次进攻。但是当天下午，敌军在阿林达湾和格纳湾之间的狭长地带空降了六百名伞兵，并将我方防线切成了两段。我们此前收到了一份报告，该报告表明该岛不适合伞兵部队降落。因此，敌人在此空降伞兵部队实在出乎我们的意料。为了重夺这片狭长地带，我们耗费了很多精力。在战争的最后关头，我们还派遣了萨摩斯岛的卫戍部队——皇家西肯特第二团前往莱罗斯岛，但是一切都结束了，并且该团也全军覆没了。该岛三个营的守军缺少空军支援，遭到了敌方空军的猛烈轰炸，他们苦战到11月16日晚上，最终筋疲力尽，无法抗敌。因此，这支曾经长期在马耳他抗敌的精锐部队，败在了敌人的炮火之下。

威尔逊将军向我报告：

威尔逊将军致首相：

在莱罗斯岛一战中，敌人对我方进行压倒性的空袭，因此莱罗斯岛沦陷了。成败之间，只有毫厘之差。本来我们可以轻而易举地扭转局势，并且凯旋。然而，我们却失败了，结果当然也是显而易见的……9 月份的时候，明知道有风险，我们还是采取了行动。如果我们能攻克罗得岛，那么一切都会进展顺利。我相信总有一天，作战形势会从一开始就对我们有利。

1943 年 11 月 17 日

在前往开罗的航途中，一连几天我都收到了电报。当我读着这些电报的时候，我陷入了沉思。[1] 现在，我的回复如下：

首相致威尔逊将军：

感谢你向我报告莱罗斯岛的情况。我赞赏你在指挥该岛战斗时的表现。我和你一样，也认为莱罗斯岛失守的确是一次严重的损失，也是一次巨大的挫败。我和你一样，也仿佛感到战斗时双手受缚在背。我希望我们在下次会议能做出更好的安排。

1943 年 11 月 18 E

由于莱罗斯岛的沦陷，我们寄予在爱琴海岛屿上的一切希望都暂时落空了。于是，我们立即设法将少量守兵从萨摩斯岛和其他小岛撤离出来，并救出莱罗斯岛的幸存者。我们撤离了不下一千支英国部队和希腊部队，还救出了许多态度友好的意大利人和德国战俘，但同时我们的海军也遭受了严重的损失。我们有六艘驱逐舰和两艘潜水艇被敌机或水雷击沉，另外四艘巡洋舰和驱逐舰也遭到损坏。希腊海军也

---

[1]　那时我正在前往开罗—德黑兰会议途中，本卷后面的章节会叙述这件事。

遭受了一些损失，但他们自始至终都在英勇抗战。

*　　*　　*

此时，安东尼·艾登已经回国了。我给他发了一封电报，电报内容如下：

首相（在海上）致外交大臣：

莱罗斯岛的沦陷对我来说是一个沉重的打击。如果在议会上有人提出这个问题，我建议你可以按照以下纲要向大家说明。

有人或许会问：既然我们在空军方面没有优势，为什么还要执行这样的军事行动？难道我们没有从克里特岛战役或者是其他类似的战役中吸取教训吗？我们是否再次派出"斯图卡"小型俯冲轰炸机，使这些飞机在短时间内重现昔日的辉煌？有人质疑这些问题是无可厚非的，但是我不建议你详细作答。现在，我们只能说，在我们计划攻占这些岛屿之前，我们都预测到了这些问题。如果非要说我们忽略了这些问题，那只能说当时我们有其他的原因或者是其他计划耽搁了。如果我们只做十拿九稳的事情，其他什么事情也不做，那么我们势必会面临一场旷日持久的战争。

我们原本可以轻而易举、不必损兵折将就攻克多德卡尼斯群岛，但在一场激战之后，我们还是丢了多德卡尼斯群岛。我们也不必试图掩盖失去该岛的痛苦，你应该强调德军为此所付出的努力。我们本来在意大利部署的空军比德国的还要多，可他们还是从意大利调走了一半空军，这简直就是间接地帮助了我方部署在意大利的部队。

请你一定要向大家说明：德军运送了两千名士兵过来，而我们在其航运途中就已经溺毙了大部分，再加上他们在行动中还损耗了不少士兵，这些数目也总能抵消我们那三千多名战俘了。德国在这场战争中所付出的代价（包括战俘），若是按照一命抵一命来算，很可能比我们损失得多。尽管如此，公道地说，自1942年托布鲁克战役以来，这是我们首次遇到的最严重的挫败。但是，我希望大家不要把这件事看作一场重大的灾难。

1943 年 11 月 21 日

*   *   *

我已经详细叙述了罗得岛和莱罗斯岛的遭遇，这些遭遇寻致了我和艾森豪威尔将军之间产生了严重的分歧，所幸这些分歧的范围并不大。数月以来，尽管面对着重重阻力，我还是为他扫清了道路。这样，他才得以在意大利打了一场胜仗。我们不但攻占了撒丁岛，还在意大利本土集结了大批军队。我们还意外地占领了科西嘉岛。我们曾将大部分德国后备军从其他战场引过来。意大利人民和政府已经向我们投诚了。意大利已经对德宣战，并且意大利舰队也加入了我方。墨索里尼已经成为逃亡者，解放意大利指日可待。十九个德国师被意大利同盟遗弃后，散落在巴尔干半岛各处。而我们在巴尔干半岛部署的士兵还不足一千。"霸王"作战计划的日期也没有受到重大影响。

根据怀特利将军的报告，除了西北非最高统帅部要求我们调遣的部队外，我还从派驻在埃及的英国部队和帝国部队中调出了四个最精锐的师。我们不仅帮助艾森豪威尔将军部下的英美参谋人员取得了胜利，还向他们提供了大量意想不到的资源。如果他们没有这些资源，灾难就有可能会发生。然而令我感到痛心的是，为了达到战略目标，我所提出的微不足道的请求，竟然遭到了顽固的抵制和反对。当你赢得了一场战争的时候，你所做的一切都可以称作是正确的、明智的。然而，要是没有小部分人群的迂腐反对，我们除了能获得意大利战役的所有战果，还会得到爱琴海的控制权。此外，还能鼓励土耳其参战。

第四章

FOUR

希特勒的秘密武器

1943年4月15日伊斯梅将军的备忘录——桑兹先生的任命——关于佩内明德①的报告——国防委员会决定袭击佩内明德——导弹和无人机的威胁——关于导弹和无人机孰轻孰重的问题众说纷纭——8月17日成功袭击佩内明德——此举严重阻碍德军的进程——无人机来袭——琼斯博士的报告——10月25日我致电罗斯福总统——罗斯福总统回电——斯塔福德·克里普斯爵士的报告——我军防守及时

　　战争爆发前几年，德国人就开始研发导弹和无人驾驶飞机，并在波罗的海海岸的佩内明德修建了一个实验站，用于完成此项工作。当然，这项活动是严格保密的。然而，世上没有不透风的墙。1939年秋，我们就开始收到他们使用各种远程武器的情报。战争初期，我们不时从多方渠道听闻关于这一话题的传言以及些许情报，然而这些传言和情报往往是相悖的。1943年春，三军参谋长重新探讨了该局势。1943年4月15日，伊斯梅将军把探讨的结果写成一份备忘录发送给我，内容如下：

　　首相：
　　　　三军参谋长认为您要留心德国人远程导弹的试验报告。自1942年年底以来，我们收到了五份报告，虽然并不详尽，但足以佐证他们的计划并非空穴来风。

————————

　　①　德国东北乌瑟多姆岛上的一座小镇，第二次世界大战时期曾是V1和V2导弹的研制基地。——译者注

三军参谋长指出当务之急是证实它的真实性，如果证据确凿，就应快马加鞭地制订应对措施。他们认为，如果能由一个得力的科学情报顾问进行指导，那么调查工作将会事半功倍。因此，他们建议由您来任命一个能担此重任的人。他们提议任命邓肯·桑兹先生，认为他是不二人选，供您参考。

　　此外，三军参谋长提议，告诫国内安全大臣警惕远程导弹的袭击，并将上述建议转告给他。目前，由于证据还不太明朗，不宜公诸于众。

　　三军参谋长请求您批准上述提议。

1943 年 4 月 15 日

　　在战争初期，桑兹先生曾在挪威的防空部队服役。后来，当他指挥第一导弹实验团时，他的双腿在车祸中受伤致残。1941 年 7 月，他入职英国政府，担任陆军部财务处处长，随后出任军需部副部长。在此期间，他同时扮演着总指挥的角色，成为武器研发工作的主要负责人，也因此和参谋长委员来往密切。虽然他是我的女婿，但我并没有为他美言，因此当三军参谋长对他委以重任时，我自然感到高兴。

　　一个月以后，桑兹先生递交的第一份报告在战时内阁广泛传阅。以下摘要概括了报告的要点：

　　我重新审视了关于远程导弹研发的证据。证据显示导弹研发的地点极有可能是在德国波罗的海沿岸，因此，我提议对佩内明德周围地区进行空中侦察，作进一步确认。目前，侦察工作已经完成，拍摄的图片为我们提供了进一步的重要情报。

　　看来，德国人在很久以前就开始研发能够执行远程轰炸任务的重型导弹，不仅如此，喷气式飞机和空投导弹鱼雷的发展计划也同时在进行。从我们手上掌握的少量情报来看，这个项目的进展还不得而知，但这些为数不多的情报足以表

明这个项目谋划已久。而如果从面积来看，伦敦很有可能成为袭击目标。

我们应想方设法通过大陆上的特工人员、战俘，或空中侦察的方法获得更多关于这方面的情报。

在德国或德军占领区任何可能参与研发和生产这种武器的实验设施和工厂，以及法国西北部海岸的可疑工厂，都会成为我们的轰炸目标。轰炸地点的初步名单将送交至空军参谋部。

有关情报机构负责向特工和战俘获取情报。6 月 4 日，空军副参谋长埃维尔空军中将发出指示，准许桑兹直接与这些情报机构进行交涉，同时命令他指导空中侦察，并将侦察结果汇报至空军参谋部。我们对于追踪这种发射武器的弹道以及探察发射地点的各种方法都进行了研究，民间防空和安全措施也已就位。

6 月 11 日，桑兹先生向空军参谋部提交了一份报告，请求定期对佩内明德区域进行空中侦察，并在距离伦敦一百三十英里范围内，获取法国北部所有地区的空中照片。同时，他还建议炸毁佩内明德的实验站。在他的下一篇报告中，他阐述了为什么要刻不容缓地展开袭击。

最新的侦察照片证实，德国正在佩内明德实验站紧锣密鼓地研发远程导弹，并且频繁发射。还有迹象表明，在佩内明德的轻型防空武器正在进一步加强。

因此，我们应该尽快轰炸这个实验站。

6 月 28 日，桑兹报告说，佩内明德的空中照片显示发射地沿线有大型导弹，它们的射程预计达到九十至一百三十英里。

尽管我们采取了一些预防措施，但德国人可能神不知鬼不觉地将发射器安置在法国北部，在此发射导弹袭击伦敦。

鉴于此，我们有必要尽快确定导弹发射点，然后立即将它炸毁。

　　我们可以利用雷达站已有的设备观察飞行过程中的导弹，并判断它们的发射地点，精确到直径十英里的范围。若安装一些辅助设备，雷达的性能会大大增强。目前我们已开始制造这些辅助仪器，第一部仪器正在拉伊进行组装，其余的也将在两到三个月内陆续完成。我们已经向五个最符合要求的雷达站（斯温加特、拉伊、皮文赛、波林和文特诺尔）发出了特别指示，并对操作员开始了必要的培训。

国防委员会从4月起就充分掌握这一事件的情报，并于6月29日做出决定：

　　我们将以伦敦为中心，对其一百三十英里直径之内所覆盖的法国北部区域进行最彻底、最严密的监察，做到滴水不漏，确保行动早日成功。

　　我们应毫无保留地对佩内明德的实验站采取猛烈攻势，一旦时机成熟，轰炸机队立即在夜晚展开袭击，实施轰炸。

　　一旦探明法国北部的导弹发射地点，我们将制订巨细无遗的计划，对其实施空袭。

＊　　　＊　　　＊

　　与此同时，希特勒也下定决心要实施这个计划。1943年6月初，他视察了佩内明德，随从的人员包括一些担任内阁成员的主要党徒。此时，比起无人机，我们更熟悉导弹。这两项计划都在进行大规模的全方位准备活动，而佩内明德是展开各种研究和实验工作的中心。德国对于原子弹的研发没有突破性的进展。"重水"也在原地踏步，但希特勒和他的顾问们认为可以利用无人机和导弹对英国进行新一轮的致命性打击，同时令英美横跨海峡重返欧洲大陆的计划泡汤。在佩内明德的所见所闻令希特勒胸有成竹，他铆足了劲，动用德国所有的力量去抓住这最后一根稻草。

6月10日，他将军事首脑们召集起来，告诉他们德国人只要坚持到最后一刻就赢了，1943年年底伦敦就会被夷为平地，英国人将无条件投降。10月20日被定为导弹发射日。据说希特勒亲自下令建造三万枚导弹，以供当天使用。如果消息属实，那他真是一个荒谬可笑的人。德国军需部长施佩尔博士说，制造每一枚V2所需的人时与制造六架战斗机的人时相当，这样计算下来，希特勒等于要求在四个月内要造出十八万架战斗机。这是很荒谬的，但他却将生产这两种武器作为首要任务，并从生产高射炮和大炮的工厂中调来一千五百名熟练技工从事这项任务。

桑兹先生在7月9日的汇报中指出，有迹象表明德军除了准备用导弹袭击伦敦，也在策划使用无人机和超远程大炮。在圣奥梅尔附近的瓦当以及费康附近的布伦埃瓦，我们探测到了两个可疑的坑道。我们向此前在英国东南部选定的雷达站发出特殊指令，命其监测导弹发射的情况。内政部制订的撤退计划并不是大规模地撤离伦敦人口，而是在紧急状态下以每天一万人的速度迁出十万名享有优先权的居民，如在学儿童和孕妇。三万个莫里森桌形防空壕已运往伦敦，城内的这种桌形室内防空装置的储存量增加到了五万个左右。

7月19日，我们的报告指出：

> 德国正在法国西北部建造一些工程，包括铁路侧线、转车台、房屋和钢筋水泥建筑物等，性质尚未明确，但进展神速。尤其是在瓦当，建造工程正如火如荼地进行。他们尝试掩人耳目，但他们运送高射炮至现场的过程还是没逃过我们的法眼。

当所有的事实和报告摆在国防委员会面前时，他们产生了不同意见。关于德国是以导弹还是无人机袭击英国这个问题，科学家和技术人员的看法截然不同。起初，认为是导弹的这一派占上风，但当支持者们逐渐意识到导弹的体积和破坏力被夸大了，他们的立场开始动摇。基于这种情况，国内安全局的工作人员要做好撤退所有首都人民的思想准备，而不是像此前策划的那样只从伦敦撤出儿童、孕妇以及其他特定人员。

国内安全大臣研究完报告后深感不安，并且向众人分析了最严重的后果。当然，确保政府不低估危机是他的特殊职责。彻韦尔勋爵却不以为然，他甚至觉得德国人是否能造出巨型导弹还不得而知，毕竟这项工程耗资巨大。他还是坚持起初的观点，即德国使用无人机会事半功倍。我们预测德国会使用弹头重达十吨或二十吨的导弹，彻韦尔勋爵认为即便如此，英国所遭受的破坏也不会达到预估的严重程度。在过去的数月当中，这两位主角，彻韦尔勋爵和赫伯特·莫里森先生之间展开的讨论似乎都围绕一个话题——"这些自动武器的威力是毁灭性的还是微不足道的"。而实际上，这不是"是与否的问题"，而是"多与少的问题。"

彻韦尔勋爵的备忘录清楚地表明，他对于此次袭击规模的看法大体上是正确的，而那些骇人听闻的估计是错误的。

双方的讨论僵持不下，我们并没有因此而优柔寡断。佩内明德之战虽然很困难，但势在必行。于是，8 月 17 日晚，轰炸机司令部司令哈里斯空军中将率领五百七十一架重型轰炸机袭击目标。目标建筑物都分布在沿海岸的一条狭长地带，并有烟雾作掩护。它们不在英国发射的无线电领航电波范围之内，就连我们飞机所携带的装置也不能精确地识别它们。因此，尽管此时德国的夜间战斗机蓄势待发，而我们的夜间战斗机却远水救不了近火，在这种情况下，我们还是必须在夜间进行轰炸。总司令下令机组成员降低常规飞行高度，从八千英尺的高空进行轰炸。若第一天晚上行动失败，敌人可能在遇袭后加强防御，我们将在第二天晚上及接下来条件允许的每一个夜晚继续轰炸行动，不惜一切代价，确保行动成功。与此同时，我们将全力指引我们的空

军作战，并干扰敌人。领航飞机将为队友标记航线及指示疏散，并由主力轰炸机包围目标、评定结果，然后通过无线电指示其他飞机行动。这次袭击采取的航线和之前对柏林的袭击路径几乎一样。此外，我们还派遣了一队蚊式轰炸机前往柏林，以此迷惑敌军。

然而，天气状况比我们预计的更糟糕，地标难以识别，但是在飞向吕根岛的途中天气转晴，于是飞行员们都准点按照预计的时间和距离开始飞行。目标上空云层密集，烟雾弥漫，但哈里斯说："经过精心策划，这次袭击将精准地轰炸所有的目标点。"敌人起初被我军对柏林的佯攻迷惑，但很快就识穿了我们的计谋。我们的飞机大部分都成功逃离，但他们在返程中遭到德国战斗机的挟持，在惨白的月光下，我方四十架轰炸机被德军击落。

*　　　*　　　*

这次战斗的结果至关重要。虽然轰炸所造成的破坏比预期要小，但这次袭击对整个事件产生了深远的影响——所有新绘制的建筑图纸以及准备发给车间使用的构造图样都被烧毁了，量产计划因此大大推迟。佩内明德的母厂被炮弹击中，为避免其他导弹生产基地再遭轰炸，德国人将生产集中到了哈尔茨山脉①的地下工厂。这些变故严重影响了导弹的生产和改良进度。此外，他们决定将实验活动转移至波兰的一个实验站进行，那个地方在我们轰炸机航程以外。我们的波兰特工严密地监视着那里。1944年1月中旬，他们进行首次新导弹发射试验，很快掌握了其射程和发射路线的相关数据，当然导弹之间的实际落点相距甚远。德国巡逻队总是第一时间赶到导弹坠落的地点并搜集导弹碎片。但有一天导弹坠落在布格河岸，并未爆炸。波兰人首先赶到，把它推入河里，待德国人搜索无果并离去后，他们才趁着夜色将它打捞起来，进行拆卸，最终完成了这一项危险的任务。1944年7月25日

---

① 哈尔茨山脉位于德国中部地区，是德国著名的旅游胜地。——译者注

晚，皇家空军的一架"达科他"式飞机接走一名波兰工程师飞往英格兰，他此行携带着许多技术文件和一百余磅重的新型武器的重要组件。这位勇士又返回波兰，后来被德国秘密警察逮捕，并于 1944 年 8 月 13 日在华沙被处决。

* * *

佩内明德袭击固然损失惨重，但它对战争的走向所产生的重要影响不容置疑。如果我们没有先发制人（包括此次袭击和后来在法国境内发动的若干次袭击），希特勒很可能早在 1944 年就已经对伦敦进行导弹轰炸，而实际上，这次轰炸延迟到了 9 月份。而此时，德国在法国北部的发射点已经被蒙哥马利将军的部队占领，无奈导弹只能在荷兰的临时基地进行发射。这个发射点与伦敦之间的距离较之前远了一倍，因此大大降低了命中率。秋天，德国的交通线由于战事而拥堵不堪，无法保障将导弹尽快运输到发射点。

艾森豪威尔将军在他的著作《欧洲十字军》一书中谈到了监军对实验工厂的轰炸推迟了"V"型武器的研发和运用。他还谈到：

> 如果德国人当时提早六个月完成和运用这些新型武器，英美进攻欧洲将举步维艰，或者根本无从谈起。如果他们能使用这些新武器攻击我方目标达半年之久，尤其是以朴次茅斯—南安普敦地区为目标，那么，"霸王"作战计划很可能就不复存在了。

这种说法有些夸张。这两种武器的平均误差高达十英里。就算德国人能够保持每日一百二十发的速度，并且确保万无一失，其威力只等同于每周在一平方英里的范围内投掷了两到三枚炸弹。然而，为了确保群众生命财产安全及我们的进攻行动免受其干扰，艾森豪威尔认为有必要剔除"V"型武器的威胁。

*　　*　　*

入秋后，可以清楚地看出，除了导弹之外德国人还将动用无人机来袭击我们。1943 年 9 月 13 日，桑兹先生报告说：

> 情报显示，敌人正在筹划使用无人机投掷炸弹袭击伦敦。我国的战斗机和防空设施足以对付敌军，除非他们采用非常小的机型或以不常规高度和速度飞行。如果确实出现这种情况，连我们的防空措施都无法拦截，那么实际上可以将它们看作是发射弹。
>
> 应对这种无人机的对策应该与此前对付远程导弹一样，即炸毁它的制造厂、发射基地和起飞机场。

空军部科学情报司司长琼斯博士于 9 月 25 日把当时了解的所有情况汇总成一份报告：

> 我们收集了很多情报。尽管其中一些在个人记载中经常出现错漏之处，但这些情报足以构成一幅完整的图画。敌军尝试释放错误信号迷惑我们，但拨开层层迷雾，这幅图画所传递的信息是：德国人在佩内明德一直在对远程导弹开展广泛深入的研究。他们的实验遭遇困难，导致无法投入生产。尽管希特勒心急火燎地要尽快将导弹用于作战，但也许还要等几个月。
>
> 德国空军有可能正在研发无人机进行远程轰炸，航程堪比导弹，而且这种无人机可能会首先出现。

与此同时，法国北部出现一大片形状怪异的建筑群。这些建筑排列整齐，其中大部分朝着伦敦方向，每一片建筑群都包含至少一座形似雪橇的建筑物。紧接着我们在空中侦察照片中发现这些建筑类似佩内明德周边的建筑物。其中一张照片可以看到有一架小型飞机停靠在一个斜坡上。至此，我们可以推测法国北部所谓的"滑雪场"应该是用来储藏、安装并发射小型无人飞机或导弹的。

＊　　＊　　＊

秋天快过去的时候，我才向罗斯福总统讲述这个困扰我许久的心病。我们一直向美国三军参谋长汇报技术层面的情况，直到 10 月底，我向罗斯福总统发了一封私人电报：

前海军人员致电罗斯福总统：

1. 我应该让您了解，在过去的六个月中，已经有各方证据显示德国人正筹划采用远程导弹袭击英国，伦敦首当其冲。这种武器大约六十吨，装载重达十至二十吨的炸药。为防患于未然，我们突袭了他们的核心实验站所在地——佩内明德，另外，位于圣奥梅尔附近的瓦当正在展开一项性质不明的工程，我们也一并将它炸毁了。我们在多佛尔海峡和瑟堡半岛地带发现至少还有七处类似的基地，还有相当一部分仍无迹可寻。

2. 关于制造这种导弹的可行性，科学家们议论纷纷，莫衷一是。但我个人还是认为德国人有可能将它造出来。我们一直都紧跟你们的步伐，贵国的技术人员对导弹原动力有更前瞻性的研究和了解，他们意在研发比飞机更先进的武器，也做了各种准备工作。导弹项目专家委员会认为，尽管条件不成熟，德军可能执意在 11 月中旬集中性地发动一轮猛攻，然后在新年期间再重锤出击，狠狠地打击我们。德军为了鼓舞士气，拉拢卫星国以及中立国家，不免会吹嘘他们的新武器，但可能只是虚张声势而已。

3. 此前，我们一直对多佛尔海峡地区那些来历不明的建筑工程（不包括瓦当）保持监视，不打草惊蛇，以观察它们的进展。但我们现在决定将所有已经探明的导弹制造工厂一举摧毁，战斗机将以绝对优势掩护轰炸机完成任务，整个过程不费吹灰之力。美国空军当然也蓄势待发，随时准备支援我们。但此举并未消除隐患，因为森林和采石场遍布整个德国，山坡地形也易于建造斜坡隧道。

4. 瓦当这个例子很有趣。当得知瓦当被我们炸得满目疮痍时，德国在两天后召开一个会议，决定弃用这个基地。当时有六千名法国工人在这个实验站从事劳动。其中有一群身着制服的法国年轻人被德国人派去监工，他们被我军的袭击吓破了胆，胡乱射击自己的同胞，血腥至极，最后一名德国军官将其中一名作乱者击毙了。然而一星期后，德国人突然改变主意，决定重新启用这个实验站，三千名工人被送回来。而另外一部分人则被派往其他可疑地点，这恰恰证实了我们的猜测。我们在法国北部的这个区域建立了出色的情报系统，这些情报、侦察照片以及战俘的供述一起构建了故事的框架。

5. 我想您应该有兴趣了解这个问题，于是派空中信使将最新的报告发送给您。

1943 年 10 月 25 日

隔了几天，他答复如下：

罗斯福总统致首相：

　　最近我们也收到不少关于德国导弹行动的情报，只有一条对你来说比较有价值，即导弹制造工厂的所在地。据线人在土耳其传来的消息，它们分别位于卡尼阿、弗里德里希斯哈芬、米次根内特、柏林、库格拉格佛克、施魏因富特、维也纳新城，以及在维也纳南面通往巴登的公路左侧有一座独立的工厂。据说佩内明德实验站的负责人沙米尔格姆班斯基中将在轰炸中丧命，于是生产就被搁置了。这份情报是一个情报人员在土耳其传来的。

1943 年 11 月 9 日

＊　　＊　　＊

科学家们和国防委员会双方各执一词，并持相关证据据理力争，互不相让，乱成一团。因此，我请求飞机生产大臣斯塔福德·克里普斯爵士运用他掌握的专业知识，不偏不倚地去评估所有关于德匡远程武器的情报，然后给出一个结论。11 月 17 日，他提交了报告。

> 如果只是从纯实验的角度去分析，发射的可能性排名如下：1. 大型滑翔炸弹；2. 无人驾驶飞机；3. 小型远程导弹；4. 大型远程导弹。
>
> 毫无疑问，皇家空军对佩内明德的袭击发挥了至关重要的作用，不管当时这些远程进攻武器研发进展如何，都因遭遇空袭而被迫搁置。
>
> 德国人显然也在全力以赴地完善一些远程武器，其中法国北部那些神秘的新式建筑当然是最可疑的，因为至今我们仍无法探明它们有什么正当用途。基于此，虽然此刻并无证据表明德国人在新年之前将袭击伦敦，我们仍然应该做好全方位的准备，以应对敌军袭击所带来的一切后果。
>
> 同时，我们继续在空中进行侦察摄影，一旦时机成熟，就将这些可疑地点清除。

当然，这份报告还存在一些疑点。12 月 14 日，空军副参谋长博顿利空军中将报告说：

我们怀疑法国北部的"大型发射场"（包括其中已被我军空袭的三处）与远程导弹袭击有关。其中一处由重兵把守，配备五十六架重型高射炮和七十六架轻型高射炮。

越来越多的证据显示，"滑雪场"就是无人机发射地。我们已经通过摄影侦察证实了六十九个"滑雪场"的存在，预计其总量最终会接近一百个。按照这个速度，德国人将会在1944年1月初建造二十个发射场地，其余的将于2月完工。多佛尔海峡和索姆——塞纳地区的发射点瞄向伦敦，而瑟堡地区的几处发射点则以布里斯托尔为目标。

彻韦尔勋爵一直与琼斯博士保持密切的联系。12月18日，彻韦尔勋爵向我提交了一份报告，对于导弹袭击的时间和强度发表了他的看法。他认为，敌人不会在4月份之前发动轰炸；就算袭击的前一两天可以做到每天发射一百枚导弹，接下来也必将放慢速度，其中也只有约二十五枚会在目标的十英里范围内。如此推算，每天的伤亡人数只在五十至一百人之间，因此他反对实行大规模撤离措施，以免引起恐慌。他仍然否定德军使用大型导弹的可能性，他认为就算德国人能造出来，以现有的技术，所花费的人力时间相当于制造导弹的二十到三十倍，而能效却并未见长。

1944年上半年，我们针对导弹袭击制订了应对措施。经决定，我们将在三个区域部署防御工事：首先在伦敦郊外安装一个气球阻塞网，然后在它的外围布置一个高射炮阵地，而在高射炮阵地之外布置战斗机活动区。此外，我们也敦促美国尽快完成电子高射瞄准器和无线电控制的引爆装置的供应，因为这些仪器在轰炸中大有作为，能使高射炮兵击落导弹，使其遭受重创。

与此同时，英美空军持续轰炸法国北部一百多处"滑雪场"，这次扫荡活动立刻见效。4月底，空中侦察表明，敌人已经弃用这些工程基地。但是好景不长，因为我们发现敌军以一种新的方式在建造发射场，这些场所外表看似平常，却更利于伪装，因此，增加了侦察难度，降低了命中的概率。于是我们一旦发现蛛丝马迹，立刻将它摧毁。我们成功捣毁了许多发射场，但也有大约四十个基地躲过侦察和轰炸。正是这四十处发射场，最终发动了 6 月的导弹袭击。

*　　*　　*

从 1943 年 4 月三军参谋长向我递交备忘录到 1944 年 6 月敌人实施轰炸，过去了将近十五个月，期间每一天的工作都卓有成效，滴水不漏。我们在恰当的时机展开了持续数月的准备工作，规模宏伟，耗资巨大。当轰炸最终袭来的时候，英国逃过一劫，后文中我再细细道来。尽管我们死伤惨重，遭受了巨大的财产损失，但是此次袭击却没有实质性地破坏我们的作战能力，也没有妨碍我们在法国采取的军事行动。整个事件证实了我国的统治机制是行之有效的，也印证了所有相关人士的深谋远虑、未雨绸缪是正确的。

第五章

FIVE

第三战场的僵局

希特勒决定在罗马南面作战——德国冬季战线——亚历山大的军队受挫——艾森豪威尔将军召集司令会议——撤退登陆舰令我军步兵寸步难移——军队集结速度放缓——认清局势的变化——我请求在地中海保留更多的登陆艇——联合战略空军的过分要求——第八集团军渡过桑格罗河——美国第五集团军逼近德国位于卡西诺的主阵地——空中激战——德国空军在意大利受挫

此前，希特勒打算将部队撤退到罗马后方，重点防守意大利北部。10 月初，希特勒采纳了凯塞林的意见，改变了对意策略，下令他的军队尽可能往南推进。进攻的路线已经确定下来，即所谓的"冬季战线"，它源自亚得里亚海沿岸的桑格罗河后方，横穿意大利山脊地带，一直延伸至西海岸的加里利亚诺河口。意大利山势陡峭，河流湍急，造就了一个纵深数英里，易守难攻的要地。近一年来，德军从非洲、西西里岛和意大利一路撤退，现在他们杀了个回马枪，意气风发地准备反击了。

我们在魁北克会议上制订的战略行动计划受到冬季恶劣气候的影响，但德国人深陷意大利战场反而帮我们解了围。当时横渡海峡进攻是我们的主战场，意大利战场则相对次要。希特勒无奈要出动大规模部队来抵制我们在意大利战场的逼近，这样的部署有利于我军在主战场取得胜利。但是，我们也因此在意大利之战中败北，看似情有可原，但我们无法为自己的失败辩驳。

第五集团军在 10 月 12 日继续进攻，经过十天的激战后，隶属于该军的英国第十军和美国第六军打过沃尔图诺河，固守要点，并准备进攻敌人下一个阻碍阵地。这个阵地由一系列高地组成，位于加里利亚诺河南岸。我们至少还要奋战一个星期左右，才能将敌人驱逐出去。在 11 月最初的两周内，第五集团军和"冬季战线"前哨防地的敌军展开了战斗。第五集团军的六个师在这条战线上遭遇势均力敌的德军，敌人一如既往地顽强抵抗。我军首次对德国战线展开的试探性进攻失利，此时士兵们已苦战两个月，天寒地冻，部队需要休整。然而，此时却强制执行了在魁北克会议上制订的备用计划，大部分登陆艇也被调离地中海地区。

意大利的战况令我军处于非常被动的局面。德国大力增援，并命令士兵誓死抵抗，背水一战。与之相反，盟军却将七个精锐师从意大利和地中海撤走并调回英国，为 1944 年的跨海峡进攻作准备。我增派的四个师和目前正在集结的部队都无法弥补这种实力的悬殊。随后我军陷入僵局，连续激战八个月也未能摆脱困境，具体情况会在下面的章节谈到。

*　　　*　　　*

考虑到所有的这些现实情况，我于 10 月 24 日致电亚历山大将军：

1. 为了配合魁北克会议的决议，将最精锐的两个师团——第五十师和五十一师调离战场，我不免担忧起来。你的部队是否有把握完成眼下的任务，我想听听你的看法。我记得你曾经说过第八集团军会在 24 日前集结完毕，现在进展如何？

2. 我提议 11 月 15 日前后在非洲选址举办联合参谋长委员会大会。届时，我会陪伴你左右，很多事情要与你交流。祝一切顺利。

亚历山大在回信中说，德国在意大利的部队数量确实令他倍感压

力。但这些部队能有多大作为，取决于敌人在罗马南部能强势地挺进到何地。他命令空军尽力捣毁德军的交通线，并有意要壮大空军力量。所有这一切都需要耗费时间、劳力和物资。第八集团军已经集结完毕，并发动攻势，起初也取得了理想的战绩。他说，"我们应该审时度势。听说你不久便要来访，我表示热烈欢迎。"

* * *

艾森豪威尔在当天召开了一次战区司令会议。他要求亚历山大书写报告综述当前的形势。艾森豪威尔将这份重要报告全文转发给罗斯福总统和我。他赞同亚历山大的所有观点，认为他分析得精准到位。

第一部分

1. 9月9日是发动"雪崩"行动和宣布意大利停战协定的日子。我们估计敌军的总体情况如下：两个师正在抵抗第八集团军的逼近；有一个师在意大利的踵形地区；三个师在罗马南部，随时应对盟军在萨勒诺湾的登陆；两个师在罗马周边地区；另外九个师在意大利北部。因此，德军在意大利本土可以调遣的部队达到十七个师。意大利内部局势问题使德国人狼狈不堪，他们届时将抽调一些部队赴意大利北部平息这些纷争。

2. 我们当然意识到在萨勒诺附近发动进攻与德军对抗，是非常危险的举动。然而，意大利局势使然，而且踵形地区的登陆可能消耗不了多少兵力，我们的空军又无人能敌，天时地利人和，于是我们果断采取冒险进攻。不仅如此，我们可支配的登陆舰数量充足，在海路集结和部队增援时拥有充分的自由度和能动性，同时具备了进一步两栖作战的条件，利于增援陆地进军。这种灵活机动性最终发挥了重要作用。无论是第八集团军在沿卡拉布里亚海岸的军事行动，还是第七集团军在行动初期的紧急关头从西西里岛调遣一个师的兵力来增援萨勒诺地区时，都充分利用了这种灵活性。

3. 虽然当时我们已经知道冬季要撤回登陆艇，但具体数量和日期仍不确定。于是，我们计划每日从地中海海港汇集大约一千三百辆机动车。这个数据意味着年底前我们能将盟军二十个师与英国战术空军全部运往意大利，前提是它们装备齐全，补给充足。与此同时，我们对今后要使用的登陆艇数目进行了预估，以便于在军队补给方面留有余地，在必要时也可以增援从陆地进军罗马的两栖作战行动，提供物资。

第二部分

1. 局势已经发生了转变。盟军十一个师在南部与德军九个师对峙，德军另外的十五个师驻扎在更北面的地区，保守估计总数至少达二十四个师，多则达二十八个师。目前盟军集结军队的速度很慢，若无其他意外致使集结速度进一步降低，我们在意大利本土可以自由调度的军队数量如下：11月底十三个师；12月底十四至十五个师；1月底十六至十七个师。我们集结军队的速度大为降低，从以前估计的每天一千三百辆车辆，减少到每周两千辆，并因此延误了空军转移以及陆军的编成。我们的其中一个策略是在攻下罗马地区的空军基地之前，将战略空军先安置在福贾地区。这个决定也影响了地面部队的集结，使其数量减少。

2. 敌人的两翼是我军迂回战术中集中攻击的目标，但长期的耗损使我军登陆舰数量逐渐减少，现在又进行大量削减，所以我们无法对敌军的弱点展开打击。由于公路和铁路设施遭到损毁，驳船和拖船短缺，敌军对停泊设施的破坏一时也难以修复，因此，目前可调度的登陆舰都用于集结兵力、沿岸维护及港口交通运输。

3. 通过研究敌军的现状，我们发现，尽管我们具有空中

优势，但敌人的交通线也很发达。如果他们兵力充足，就能在意大利（主要是在北部地区）集结六十个师，并通过这些交通线为军队补给物资，帮助他们在意大利熬过严冬。显然，德国人试图通过缩短他们在欧洲堡垒周边的战线来组建一支后备军，以便进一步增援他们在意大利的军队。

4. 相比之下，盟军的情况就没有那么乐观了。以现有的资源，我们无法加快部队集结的速度，也没有条件在罗马南部建立一条坚挺的战线，因为罗马是战略要地，已成为兵家必争之地。此外，我们必须一路夺取福贾机场和那不勒斯港周边大片范围的区域，才能确保它们的安全。因此，在罗马北部占领一个坚固的防御基地就势在必行了。此外，我们不能"只守不攻"，否则就等于将战斗的主动权交给德国人了。

第三部分

1. 眼下德国企图守住罗马南部的战线，因为那里易守难攻，我们的装甲部队和炮兵毫无用武之地，即将来临的恶劣气候也会令我方空军无计可施，目前我们就已经深受其害。虽然敌军可能已经疲乏，但从北方过来的援军将成为强有力的补充。目前有迹象表明，敌人正在进行换防工作，而我们两手空空，既无可替换的军力，也无运输的船舶。因此可以预见，我们对罗马的进攻是一场"持久战"，需要付出高昂的代价。这也是一场"恶战"。目前，我们的军队在战场略占上风，然而这种优势却被敌人的换防抵消了。此外，由于登陆艇设备不足，我方无法展开包抄敌军两翼的两栖军事行动，消除不了障碍，也就无法加速进军。现在面临着这样的风险：即使我们在这场"恶战"中以胜利告终，打到罗马北部的军队也会筋疲力尽。如果德国人此时乘虚而入，从北方调来的部队开始反攻，我们将无力守住阵地。敌人的反攻行动给我们带来沉重打击，即便我们的空军力量克服冬季恶劣

的气候尽力还击，仍无法弥补这种损失。这是我唯一的忧虑。德国派出的增援部队似乎超出了其内部局势和纯防御的军事要求所需要的部队力量。这时若可以轻易取胜，德国人当然会抓住机会一雪前耻，扬眉吐气，鼓舞士兵们在1944年战役之前再接再厉。在巴尔干半岛和法国产生的影响可能对我们尤为不利。

2. 总之，如果我军对萨勒诺的首次突袭取得胜利，9月将形势大好。北部的德国部队被棘手的内部安全问题所牵绊。如果德军没有实施后备部队增援，以我南部军队的集结速度来看，我们有望在12月底召集二十个师对抗敌军的十八个师，除此以外，我们在意大利本土有强大的空军力量。我们相信，要包抄敌军的海岸两翼及维持我们在滩头的兵力，就必须准备足够的登陆舰。

3. 现在的形势总结如下：盟军十一个师现处防守要地与敌军九个师的兵力正面交锋，敌军随时可能增援。到1月底的时候，我们的部队集结起来最多只有十六到十七个师，而敌军却保底二十四个师。我们现有的资源不足以展开大规模的两栖战役。我们可能滞留在罗马，无法抽身，而德军将趁机收回意大利北部，随后增援南部前线。如此一来，我们等于将主动权拱手相让。

这份文件谈及所有最严峻的战略问题，确实分析得很精辟。我已经向马歇尔将军提出了其中的某些问题。

首相致马歇尔将军（在华盛顿）：
　　我曾经向总统发过一份很长的电报，其中谈到我们迫切需要在非洲召开一次会议，希望他能转发给你。为了筹备遥遥无期的"霸王"作战计划，我们弃眼下罗马战役于不顾，撤离了两个最精锐的师——第五十师和第五十一师，对比我

深感不安。我们在按计划行事，我向上帝祈祷，希望这一行动不会令我们付出惨痛的代价。

1943 年 10 月 24 日

我致电罗斯福总统：

前海军人员致罗斯福总统：

　　艾森豪威尔的报告阐述了我们在意大利的处境，相信您已经读过了。我们不能让伟大的意大利之战陷入僵局，必须不惜一切代价夺取罗马及它北面的飞机场。敌人已经将他们的精兵强将调配到这个战场上，证明我们的策略是正确的。毋庸置疑，意大利因遭到我军痛击而无力阻挡苏联人进军，目前我们也只能通过这种方式来支援苏联了。若想成功夺取意大利，我们必须不计一切后果，为艾森豪威尔和亚历山大提供各种支持，不能因为考虑将来的行动计划而患得患失。

　　在您感冒未愈的时候拿这些事给你添麻烦，我感到抱歉。

1943 年 10 月 26 日

　　10 月 27 日，马歇尔将军在回复中说道，他相信艾森豪威尔在意大利战场部署了充足的兵力，不会受到冲击。现在最迫切的问题是登陆艇，这个问题有待讨论和研究。他认为我们在权衡意大利局势时，忽略了我方空军的绝对优势这一有利因素。前面提到过恶劣的天气会削弱我们空军的威力，但如果空军对敌人交通线展开密集轰炸，应该可以对敌军产生重大破坏，天气的影响也就相对不那么明显了。

*　　*　　*

　　现在，我就地中海的登陆艇问题，向罗斯福总统呼吁。

首相致罗斯福总统：

1. 我很抱歉带给你这个消息：英王陛下政府对于在这个关键时刻从地中海紧急撤离登陆艇一事忧心如焚，而且这种忧虑与日俱增。现在我们面临的情况是这样的：根据艾森豪威尔的预测，如果必须强行按现计划撤走登陆艇，他原本想通过占领某一条战线以守住罗马飞机场的计划，将无法在 1 月底甚至 2 月底实现了。他进一步解释说，因为没有足够的登陆艇，我们即使展开耗费巨资、旷日持久的正面进攻，也仅能维持这样一个不理想的战绩。英国军队是对意抗战中的主力军，伤亡也惨重，我们的顶头上司美国总司令也给出了明确意见，鉴于此，我们有权利要求美国盟友重视我们的诚挚提议。

2. 相应地，战时内阁也正式地要求我敦促美国三军参谋长考虑英国三军参谋长提出的要求。非常抱歉，这件事十万火急，我们无法等到三周后的委员会议召开时才提出，否则会导致登陆艇在这期间被撤离或停止使用，从而对意大利战役造成重大损失。

3. 顺便提一下，我们希望通过多方通力合作，英国能够在执行"霸王"作战计划之前生产额外的七十艘坦克登陆艇。

1943 年 11 月 4 日

收到他的回复，我感到如释重负。

罗斯福总统致首相：

原定将六十八艘坦克登陆艇尽早撤往英国。现在联合三军参谋长委员会今天已授权艾森豪威尔，准许他在 12 月 15 日之前继续使用这些登陆艇。

据我看，这些军备应该可以满足他作战的基本要求了。

1943 年 11 月 6 日

我立即通知了亚历山大。他答复如下：

亚历山大将军致首相：

　　我非常感激他们能把坦克登陆艇留给我，这对我的计划很有利，但我在致帝国总参谋长的电报中已经说明，要在12月15日之前完成整个计划太仓促了。

1943年11月9日

首相致亚历山大将军：

　　你应该制订另一个作战计划，以此作为保留坦克登陆艇至1月15日的依据。这个请求一定会在我们的大会上通过。

1943年11月9日

我又致电我们驻莫斯科大使，内容如下：

首相致阿奇博尔德·克拉克·克尔爵士：

　　……苏联前线万里晴空，而意大利却下着倾盆大雨。在与敌人的正面交锋中，虽然我们的兵力并不占多少优势，但胜在积极应战，并且在逐步取得进展。

　　我一直都希望能将意大利战事拉长并且将它推向高潮，拖住尽可能多的德军部队，并以此牵制他们。我很高兴，联合参谋长委员会已经达成一致，决定在12月15日之前不撤回登陆艇。如此一来，我们就可以将更多兵力投入到意大利的整个作战计划中去。我希望国内各方齐心协力，设法建造出新的登陆艇，以弥补因延误撤回带来的损失。

　　德军有一半的兵力分布在距离我们前线约三百英里的意大利北部和伊斯的利亚半岛。尽管我们积极应战，但由于意大利北部的人民士气不高，削减了内部安全问题所带来的隐患，于是德国人便将其中的一部分兵力撤至苏联南部。关于伊斯梅将军对德军实力做出的预估，我们是认可的。据他的分析，德军有六个装甲师，其中半数已派上战场，与我们对抗。经证实，德军在罗马南部作战部署了十个师的兵力，而我们派出了十二或十三个实力稍强的师与之抗衡。尽管我们在兵力上略胜一筹，但当双方在山地里持久地展开正面交火时，这种优势并不显著。

1943 年 11 月 9 日

我写信给布鲁克将军，内容如下：

首相致帝国总参谋长：

　　眼下当务之急是波兰人应立即加入前线作战。这些年来，他们投入了充足的物资，做了大量的准备，但并未真正有所作为。意大利战场也迫切需要增援，继新西兰人之后，波兰人也将赶赴战场增援。由于时间仓促，我们无法对他们进行组编，那就把员额不足的两个师调去试一试。他们目前的名号仍然是"波兰军"，我们必须尽快从其他渠道征募士兵。

　　在我看来，与其拆分在波斯大费周章组建起来的部队，不如先考虑调派驻英国的波兰装甲师，因为他们在短期内不需要执行其他任务。然而，斯大林如果看到波兰军队真的上前线真枪实弹地与德国人打起来，他应该愿意分拨更多的兵力来支援这条战线，我会在下次会面时向他争取一下。苏联政府对这支波兰军一直心存怀疑，认为波兰储备培育这支军队就是用于抵抗苏军，维护波兰人民的权利。然而，如果这支波兰军队加入了对抗德军的战线，并开始攻打德军，苏联人就会打消这种想法。此外，我不赞成对现行编制做出任何改变。

1943 年 11 月 16 日

* * *

为了袭击远在我军本土分遣舰队范围之外、位于东德的工业目标，我们正在福贾机场组建盟军重型轰炸机队。目前我们的船舶数量有限，而为了满足这支部队的各种需求，我们的航运承受巨大的压力，对此我越来越担忧。在我看来，这些要求是不合理的，并且和那个时期的总局势毫不相关。

首相致伊斯梅将军，转三军参谋长委员会：

毋庸置疑，放弃向罗马进攻而在意大利建立战略空军这一决策大错特错。不管对德国的战略轰炸有多重要，都不能本末倒置，将它看得比攻占罗马更重要，我们必须把这次战役排在首要位置。核心战略需求和部署战略方针相比，前者当然更迫切。直到最近我才了解，由于与此次战役无关的大批战略空军向前行进，阻碍了陆军的集结。事实上，这不仅与所有正统的军事原则相悖，也不符合常识。

1943 年 11 月 17 日

一周后，我又发出电报：

大批空军部队在进军时争先抢后，确实阻碍了陆军的军事行动。

* * *

而此时，第八集团军已经出发，经过一系列的战斗后，正在向桑格罗河逼近，准备迎战驻扎在此处的四个德国师。为了保持主动权，亚历山大将军准备命令第八集团军横跨河流，在此处突破"冬季防线"，继而进军前往佩斯卡拉—阿韦察诺公路，并胁迫罗马，制衡西部海岸沿线的敌军交通线。我军已在桑格罗河对岸构筑了阵地，但是敌人的主要防御工事却设在对岸的高地上。天公不作美，大雨滂沱，泥泞不堪，河水高涨，无奈，我们只能将进攻的日期推迟到了 11 月 28日。当天，第七十八师、第八英印师和最近抵达的新西兰师发动攻势，战绩喜人。经过一周的激战，他们渡过桑格罗河，并稳住了十英里内的地盘。加拿大部队 12 月 20 日抵达奥托纳近郊，与敌人短兵相接，直至圣诞节后三天才肃清了奥托纳城内的敌人。这是我们经历的首次大规模巷战，从中受益匪浅。然而，敌人也顽强抵抗，并从北部调来增援部队。在 12 月期间，虽然第八集团军占据了更多的阵地，但是并没有攻下任何重要目标，恶劣的冬季气候令原本活跃的战事偃旗息鼓。

美国第五集团军在克拉克将军的率领下，奋力前行，沿着公路向着卡西诺进军，袭击了德军主阵地上最重要的防御工事。敌人固守在俯瞰公路的高山两侧，准备伏击我军。12 月 2 日，英国第十军和美国第二军冲击位于公路西面险峻的卡西诺山，经过一周的硬战，终于消灭了敌军。在公路的尽头，美国第二军和第六军（第六军现在包括摩洛哥第二师）也正与敌人进行激烈的火拼。战斗一直持续到新年伊始，敌人才全线溃败。第五集团军沿着加里利亚诺河及其支流拉皮多河全面布阵，而它对面正是卡西诺高地和大名鼎鼎的修道院。

我们的战术空军在所有陆地作战中全力支持陆军部队，而战略空军则多次突袭敌后，效果显著，其中最突出的一次是美国空中堡垒在都灵炸毁了一座重要的滚珠轴承厂。与之相反，德国空军却没什么动静。他们的战斗机和战斗轰炸机在白天极少露面。他们利用远程重型轰炸机对尼泊尔实施的六次袭击也未见成效。但是他们于 12 月 2 日对我们人头攒动的巴里港进行了一次极具毁灭性的袭击，结果炸毁了一艘军火船，击沉了另外十六艘船，运载的三万吨货物也报废了。

在冬季，为避免麻烦，德军不再争夺对意大利的制空权，因此极大的削减了他们的空军力量。

为了抵挡英国发出的猛烈空中攻势，敌军从地中海和苏联撤回尽

可能多的飞机。德军有意向英国实施报复，同时为了筹备次年春季的"小型闪电战"，他们调走了在意大利的所有远程轰炸机。

我在前面的章节已经解释过了为什么我把意大利战役称作第三战场。现在，意大利战场已经吸引了二十个精锐的德国师。如果加上为预防敌人偷袭而驻守巴尔干的军队，有接近四十个德国师在此养精蓄锐，准备对抗地中海的盟军。我们的第二战场——西北欧还没燃起战火，但它却是真实存在的。敌人至少部署了约三十个师的兵力来应对这场战事，而且在我们步步逼近之时，敌军的数量会剧增至六十个师。我们从英国发出的战略轰炸迫使敌人调回大量的兵力和物资来保卫本土。这些都对苏联人眼中的第一战场做出了不容忽视的贡献。

* * *

我在结束本章以前，应当作一个总结。

在战争的这段时期，由于缺少坦克登陆艇来运输各类车辆（而不是运输坦克），西方大国之间重大的战略配合都受到了限制，被迫做出调整。坦克登陆艇这几个字给这一期间的军务人员留下不可磨灭的印象。我们已经强势攻占了意大利。如果在那里的陆军得不到支援，他们就无法逃脱，从而让希特勒获得自法国沦陷后最大的胜利。另一方面，1944年的"霸王"作战计划势在必行。我只不过是要求在必要时将它延缓两个月，即从1944年5月推迟到7月，这样登陆艇的问题就迎刃而解了。这些登陆艇不必仓促地在1943年秋末的冬季狂风袭来之前赶回英国，它们可以在来年开春时再返回。然而，如果我们执意要在5月1日展开进攻，那么盟军在意大利将命悬一线。但如果我们准许配合"霸王"作战计划的一些登陆艇留在地中海过冬，拿下意大利之战就会易如反掌。此前有大批军队在非洲待命：三至四个法国师，两至三个美国师，至少四个英国或英国控制的师（包括波兰军队），他们都蓄势待发，随时准备迎战。登陆艇的短缺妨碍了这些部队真正投入意大利战役，而妨碍我们获得登陆艇的主要因素则是那些坚持把登陆艇早日遣返英国的主张。

　　我希望读者们在阅读本章所引用的电文时，不要因我无意中淡到的一些字眼而产生以下误解：1. 我打算放弃"霸王"作战计划；2. 我要抽调"霸王"作战计划的主要兵力；3. 我打算利用在巴尔干半岛上作战的军队蓄谋一场战役。这些都是无稽之谈，与我真正的想法相去甚远。从 5 月 1 日"霸王"作战计划开始的时间起，只要给我六周或两个月的缓冲时间，我将利用这段时间在地中海充分使用登陆艇作战，从而把真正精锐的兵力投入到意大利战场，届时我军不仅拿下罗马，还将迫使德国将大量部队从苏联或诺曼底战场撤出，或者同时从两个战场中撤出。这些问题都在华盛顿进行过讨论，但当时我提出这些问题的局限性时，并未得到重视。

　　读者将在后文看到，我提出的所有要求都得以实现。我们不仅可以留下登陆艇用以维护地中海的运输，而且还能继续使用它们来备战 1 月的安齐奥战役。这丝毫没有延误我们执行 6 月 6 日的"霸王"作战计划，相反，我们将以充足的兵力顺利展开计划。然而，为了获得这些短暂的缓冲期以及严格按时间表发动一场战役，我们进行了艰苦卓绝的斗争，不料却无暇兼顾另一场宏大的战役，最终导致意大利战役战线拖得太长，结局也不尽如人意。几个月的时间就这样白白浪费了，最后人财两空。可尽管耗时很久，但我提出的要求都得到了满足。

第六章

SIX

北极运输船队重新起航

1943 年 3 月运输船队停运——东线激战——苏联在夏季展开攻势——德军撤退——11 月 6 日重新夺回基辅——莫洛托夫要求恢复运输船队航运——"提尔皮茨"号失去战斗力——我国驻苏联北部人员处境困难——艾登先生前往莫斯科——斯大林回电——我向艾登先生和罗斯福总统转述斯大林的意思——我拒绝接受苏联大使递交的斯大林的电报——运输船队复航——终结"提尔皮茨"号

1942 年年末，负责护送商船至苏联北部的英国驱逐舰频繁活跃在北极水域。如前文所记载，这一行动在德国最高司令部掀起了一场风波，负责海军事务的雷德尔海军上将也被撤职了。1 月至 3 月期间，昼夜停止更替，北极处在无尽的黑暗之中。两支运输船队，其中一支有四十二艘船，另一支有六艘船，各自起航，踏上了危险的征程。最后，共计四十艘船成功到达目的地。同一时间，有三十六艘船从苏联港口安全返回，另外五艘船则失联。昼夜更替恢复之后，敌军依仗日间的光亮轻松地打击我们的运输船队。德国舰队的残余力量，其中包括"提尔皮茨"号，现在都集中在挪威水域，在很长一段时间内将对沿途的大部分航线构成可怕的威胁。不仅如此，大西洋也一如既往地成为海上必争之地。1943 年 3 月，我军和敌军潜艇的对峙到了千钧一发的关头，我们的驱逐舰已经无力抵抗敌军的攻击了。3 月，这支运输船队不得不延期起航。4 月，海军部提议，在秋季黑夜期出现之前，应该暂停使用这条航线向苏联运输物资。对此，我表示赞同。

*　　　*　　　*

我们之所以出此下策，是因为苏联前线的战斗正在如火如荼地进行，它有别于 1943 年的任何一场战役。春雪融化之后，双方都积极备战，准备大干一场。无论是陆地还是空中实力，苏联人都略胜一筹，德军获胜的希望微乎其微，但他们竟然先发制人了。导火索是苏军在库尔斯克的阵地已经突破德军的战线，造成了严重的威胁。德军决定南北夹击，铲除这一威胁。苏联人料到这一出，早已厉兵秣马，时刻准备迎战。结果，当德军在 7 月 5 日发起进攻时，苏军早已守在如铜墙铁壁的防御工事中了。虽然德军在北面的袭击取得了一些突破，但是两周后他们还是被击退了。德军在南面的进攻起初胜战连连，深入苏军战线十五英里。但是，苏军随即展开了大规模的反攻，并于 7 月 23 日重新夺回了战线。德军得不偿失，连曾经视为成功筹码的新型"虎"式坦克也被苏军击毁了。

德国军队在苏联经历数次战役以后，早已疲惫不堪，如今再与一群残兵弱将合并，作战实力自然是不如从前。况且，德军的战线长达千里，无法面面俱到，只能集中力量攻打库尔斯克。现在，面对苏军的猛烈攻击，他们已无招架之力。库尔斯克的战役愈演愈烈，德军动用了全部后备队。苏军于 7 月 12 日向德国在奥廖尔周边的突出阵地发出了首次攻击。经过激烈的炮轰预攻，苏军向突出阵地的北面进行了主攻，同时对其东面展开了辅助性的袭击。苏军很快深入敌军的战线，尽管德国守军顽强作战，但仍然无法阻止苏军的行动，德军的要地被苏军包抄、围攻并最终捣毁。他们的反攻被击退了，最终因无法抵挡苏军的精锐之师带来的冲击而全军溃败了。8 月 5 日，奥廖尔被攻克；8 月 18 日，德国深入苏军五十英里的部队全部被铲除。

8 月 3 日，当奥廖尔战役正处于高潮时，苏军发动了第二次主要进攻。德军在哈尔科夫周围的突出阵地遭到袭击。哈尔科夫是一个重要的交通枢纽，把守着通往乌克兰和顿涅茨工业盆地的要道，因此它

的防御工事比一般的阵地要牢固。苏军这一次的主攻方向是突出阵地的北面，而另外一股兵力则扑向正南方，直取哈尔科夫。同时，另一支部队向西南方突进，意图威胁整个德国后方。四十八小时内，这两支部队都已深入德国阵营，最远的已经深入敌方战线三十英里，并且攻下了别尔哥罗德。8 月 11 日，哈尔科夫已四面楚歌，而此时苏联继续从东面发起新一轮攻击，并且在西北方向五十英里的地方快速进军。当天，希特勒下令，不惜一切代价守卫哈尔科夫。德国驻防军坚守阵地，背水一战，双方恶战至 23 日，最终苏军将整个城镇收复。

　　近两个月内的三场大规模战役——库尔斯克、奥廖尔和哈尔科夫，标志着德军在东线上的溃败。所到之处，德军都被打得一败涂地，落荒而逃。苏军的计划虽然宏大，但并没有滥用资源。苏军此番展示的不仅是他们在陆军方面的优势，在空军方面亦是如此，经过改良，苏联飞机的作战力得到了很大的提升。在这些战役中，德军派出约两千五百架飞机进行作战，然而面对苏军双倍数量的新型飞机时，自然无招架之力。在这一作战时期，德国空军总共有约六千架飞机，作战实力达到了巅峰。但大部分的飞机都忙于在地中海应战，最后只有不到半数的飞机来支援这次关键的战役。这充分证明了我们在地中海的作战行动对苏联的胜利产生了关键作用。同时，驻守在英国本土的盟军轰炸机日益壮大，这对苏军所产生的意义也得到了证实。战斗机的短缺是德军的一大弱点。德军已在东线处于劣势，他们为了能在西线自保，无奈只能在 9 月进一步削弱东线的力量。到了冬季，德军把接近四分之三的战斗机都部署在西线。苏军迅速、反复的攻势使得德军没有喘息的机会，无暇精心部署和充分利用自己的空军力量。为了应对新的危机，德国空军部队频繁转战不同的战区，所到之处都会留下败笔，可见苏联飞机实力确实惊人。

　　9 月，德军沿着南部的战线，从莫斯科对岸一路撤退至黑海，苏军则继续穷追猛打。9 月 25 日，在北部的中心位置，苏军从维亚济马突击，直取斯摩棱斯克。德军当然想守住第二大河流——第聂伯河的战线。然而，苏军早在 10 月初就已经从基辅北面横渡这条河流，占领

了基辅南部的佩列亚斯拉夫和克列缅楚格两地。10 月 25 日，苏军继续往南，攻克了第聂伯罗彼得罗夫斯克。德军仍然驻守在第聂伯河的西岸，除了河口附近的区域，其余沿河地带全部失守。苏军将彼列科普这一通往克里米亚的陆地通道占领了，并切断了敌人的退路，驻守在克里米亚的德军精英部队已无路可逃。基辅遭到苏军两面夹击，于 11 月 6 日沦陷，众多德军被俘，苏军乘胜追击，抵达了科罗斯坚和日托米尔。然而，德军强大的装甲部队向苏军的侧翼进行了一次猛烈的反攻，将苏军击退，进而夺回了这两座城。于是，这条战线暂时稳定下来。而在北面，苏军于 11 月底攻克了戈梅利，并从莫吉廖夫的两侧渡过了第聂伯河上游地区。

经过三个月的追击，到 12 月时，在苏联中部和南部的德国陆军撤退近两百英里，最终无法守住第聂伯河战线，全线溃败，只能任凭对方发落。经过血的教训，德军在这场冬季战役中败下阵来，不得不承认对方在此类战役中的优势。这就是 1943 年苏联的辉煌战绩。

＊　　　＊　　　＊

苏联军队对运输船队的到来望眼欲穿，因此，当得知这些船队暂时停航时，苏联政府自然会心生不满。9 月 21 日晚，莫洛托夫先生召见我们驻莫斯科的大使，要求恢复运输船队的航行。他解释说意大利的舰艇已经被歼灭，德国的潜艇也为了南方的航路放弃了北大西洋之战。波斯的铁路运输能力有限，无法满足物资供给的需求。三个月来，苏联政府全力以赴地展开大范围的攻势，而 1943 年他们收到的军需补给只有上一年的三分之一。因此，苏联政府强烈要求恢复运输船队的航行，希望英王陛下政府能在接下来的几天里尽一切努力去恢复航线。

关于这个问题，尽管我有很多自己的见解，但我还是于 9 月 25 日向海军部和其他部门提出了这个问题。

首相致外交大臣、生产大臣、战时运输大臣、伊斯梅将军，转三军参谋长委员会，以及代理海务大臣：

我们有责任在人力允许的范围内重新开放北极运输航线。根据月相，我们将从 11 月下旬开始，分别在 11 月至次年 3 月之间每月进行一次试航，总共五次。海军部和战时运输部负责制订计划。我认为这个计划是可行的。

既然苏联人提出要复航，我们也有权利向他们直白地提出一个要求，即改善我国驻苏联北部的工作人员的待遇。

1943 年 9 月 25 日

关于运输船队一事，海军部最初给出的答复令我很失望。

首相致外交大臣、海军大臣、伊斯梅将军，转三军参谋长委员会，以及其他有关人员：

驶往苏联北部的运输船队

这种回复令我失望。为什么 11 月和 12 月起航的运输船队都不是一支满员的运输船队呢？我们在"霸王"作战计划开始之前至少要设法派遣五支满员的运输船队。我认为大西洋或者地中海的局势不如此前派出这些运输船队时那样剑拔弩张。当然，我不打算同斯大林元帅签订一份庄重的契约，而且我们必须保护好自己，防患于未然。但是，在 11 月至 3 月期间，每月都应当派遣一支足额的运输船队出航。

我将于星期二晚十点召开一次参谋会议来讨论这个议题。

1943 年 9 月 27 日

29 日，我们如期会面讨论这个问题，却发现了一个新情况，令大家感到很欣慰。此前我们的小型潜艇发动了勇猛的攻击，力挫敌军的"提尔皮茨"号战列舰。参与行动的六艘潜艇中，有两艘深入到敌人精心布下的天罗地网。他们的两位指挥官——卡梅伦上尉（皇家海军

后备役）和普莱斯上尉（皇家海军现役）被德国人救起来之后，成为战俘，后来他们获得了维多利亚十字勋章。不久之后，空中侦察显示，"提尔皮茨"号战舰遭到了严重的损坏，需要在造船所整修后才能再次应战，而德舰"卢佐夫"号也已驶往波罗的海。因此，我们在北冰洋水域终于如释重负，可以停歇几个月。于是，我给外交大臣拟了一份备忘录：

> 运输船队复航的问题已得到实质性的解决。在我致电斯大林论及此事以前，请给我一张列表，说明我们的人员在苏联北部受到了哪些不公平待遇，以便我将这两个问题以最有利的方式结合起来与斯大林谈判。我今晚就起草这份电报。

艾登先生回复说待遇非常糟糕。于是，我给斯大林发了如下一封电报：

首相致斯大林元帅：

1. 我已经收到你的请求，要求重新开启驶往苏联北部的运输船队。我和所有的工作人员都很愿意竭尽全力协助你以及苏联英勇战斗。因此，对于莫洛托夫先生来电中所提出的各种具有争议性的观点，我将保持沉默。自 1941 年 6 月 22 日起，尽管我们身负重担，但仍然以实际行动全力支持你们捍卫自己的祖国，抵抗希特勒匪帮的残酷入侵。最终，你们打败德军，取得辉煌的胜利，我们也毫不吝啬地对外宣称我们从中获得不少利益。

2. 这四天以来，我与海军部共同制订了一个计划，决定派遣一批新的运输船队前往苏联北部。而这项计划却伴随着严峻的挑战。首先，大西洋之战已重新打响。德国潜艇已经采用一种新式音响鱼雷向我们展开攻势。事实已经证明，这种音响鱼雷能够有效地攻击正在搜寻潜艇的护航舰船。其次，

我们在地中海已火力全开，11月之前将在意大利集结约六十万人的军队，并且要趁意大利军队在爱琴海和巴尔干半岛溃败之时乘虚而入。最后，我们也要一定程度地参与抗日战争，美国人非常热衷于这场战事，如果我们的态度不温不火，可能会激怒美国人。

3. 尽管存在上述困难，但我还是高兴地告诉你，我们打算在今年11月至2月之间，每月派遣一支由三十五艘英美船只组成的运输船队驶往苏联北部。为了满足航行的要求，每支运输船队将分成两批起航。第一支运输船队将于11月12日左右离开英国，预计十天以后抵达苏联北部；随后的运输船队大约每隔28天出发。至于现在仍活跃在苏联北部的商船，我们打算在10月底之前尽可能将它们撤回，其余的船只将随同返航的护航船只一起返回。

1943 年 10 月 1 日

万一我们所提供的帮助没有奏效，苏联方面可能又会再次指责我们违背诺言。为避免出现这种情况，我新增了一段话，以维护我们的立场：

4. 然而，我必须记录下来，这不是契约或交易，而是一种宣言，宣告我们严肃、诚挚的决心。基于此，我已经下令采取必要措施，派遣这四支每支由三十五艘船只组成的运输船队。

随后，我阐述了关于我方人员在苏联北部遭到种种不公平待遇而产生的愤慨：

5. 但是，外交部和海军部要求我提醒你注意，希望由你本人亲自关注我们在苏联北部遇到的下列困难。

6. 我们自 3 月起就一直在精简位于苏联北部的军事机构。如果要复航，则必须重新扩充和增强这些机构。就目前的工作要求而言，我们的海军人员尚显不足，因为调遣回国的人员空缺得不到填补。你们的民政机构拒绝了我方人员去苏联北部的一切签证，其中有一部分人员任期已满，早该轮换岗位，但换岗人员的签证也都一律被拒。莫洛托夫先生曾态度强硬地向英王陛下政府提出以下要求：驻苏联北部的英国军事服役人员数量不应超过在英国的苏联军事人员及贸易代表团人员总量。当时我们否决这个提议，因为这两类人工作性质不一样，无可比性，军需人员的数量也不应该以这种不切实际的方式来计算。此外，我们已经告知苏联政府，由我方负责的军事行动，应由我们亲自挑选军需人员。艾登先生已经保证，我们会严格把控人员数额，尽量将其降到最低额度。

7. 因此，我请求你立即发放签证给我国目前所需的新增人员，也请你保证，今后我们往苏联北部提供援助而需要调度人员前往苏联时，不再拒绝发放签证。另外我必须强调，目前苏联北部有一百七十名海军人员，其中超过一百五十名在数月以前就应该换防，但苏联方面却一直拒发签证。这些人无法适应气候和其他环境因素，身体状况不佳，应立即进行轮换，切勿再拖延。

8. 此外，我们提议派一支小型医疗队前往阿尔汉格尔斯克，你们的当局已经批准，但仍未发放相关的签证。若再继续拖延，我们可能会伤亡惨重，请记住这一点。

9. 我必须请求你协助改善目前我国军事服役人员和海军人员在苏联北部的待遇。这些工作人员主要的工作职责是为贵国输送盟军的供给物资。他们所参与的军事行动也是基于我们两国的共同利益。我相信你们也会认同，应该将这些工作人员与跨入苏联境内的普通民众区分开来。他们受命去支援盟友，为了维护苏联的最大利益而执行军事行动，却受到苏联当局的种种限制，在我看来，这是不恰当的做法。以下是他们遭遇的种种不便：

（1）英国军舰和英国商船上的任何人员不得登岸，除非由有苏联官员在场的苏联船只运送，并对文件进行检查后才得登岸。

（2）若未提前通知苏联当局，英国军舰上的任何人员不得靠近英国商船。此条同样适用于负责的英国海军将领。

（3）英国官兵必须取得特别通行证才能离船上岸，或来往于岸上的两处英国驻地之间。以往这种通行证经常未能如期发放，结果耽误了工作进度。

（4）除非苏联官员在场，否则这支作战部队的军需用品、行李和邮件均不得上岸，一切军需用品和邮件的运送都需要经过各种烦琐的手续。

（5）私人信件也要经过检查。而我们认为，作战部队的邮件应由英国军事当局检查。

10. 这些霸王条款一直为我方军官和相关人员所诟病，这不利于英苏两国关系的发展，而且消息一旦传到英国议会，将严重损害两国关系。长期以来，这些繁文缛节严重降低了我方工作人员的效率，而且已经多次妨碍重大紧急军事行动的开展。对于在英国的苏联工作人员则完全不用受制于这些条条框框。

11. 关于我方军事服役人员和运输船队的船只违反苏联法律的事件，我们已向莫洛托夫先生提议交由英国军事当局处理。毋庸置疑，此类案件中，有几宗归因于苏联北部恶劣的工作环境，这至少是其中一部分原因。

12. 斯大林先生，我相信你会以友好的态度去解决这些难题，这样我们就能继续同心协力，共同致力于我们的共同事业。

1943 年 10 月 1 日

鉴于我们目前所做的努力，这些要求并不过分。然而我等待了近
两周也没有收到回信。

＊　　＊　　＊

经过长期的筹备，三大盟国的外交大臣会议现定于莫斯科召开。
我将在下一章详述会议内容。艾登先生于 10 月 9 日乘坐飞机前往会议
地点，途经开罗和德黑兰，他会先在这两个城市处理要事，待结束后
将于 10 月 18 日早晨抵达莫斯科。在他离开期间，我负责处理外交部
的工作。

> 首相致阿奇博尔德·克拉克·克尔爵士（在莫斯科）：
>
> 　　10 月 1 日我发送了一封很长的电报，询问关于北极运输
> 船队复航一事，但至今未见回复。如果运输船队的往返周期
> 定于从 11 月 12 日开始，那么苏方需要尽早回复我们关于人
> 员安排的问题。我们将派出几十位无线电操作人员以及信号
> 工作人员（他们的工作决定了运输船队的安危）以及约一百
> 五十名换防人员，他们将于 10 月 21 日乘坐驱逐舰从英国起
> 航，因此我们急需得到回复。与此同时，我们正准备派遣运
> 输船队，想必苏联还是需要他们。
>
> 1943 年 10 月 12 日

次日，我收到了斯大林的回复。

> 斯大林元帅致首相：
>
> 　　1. 我已收到你于 10 月 1 日发送的电报，获悉你们有意在
> 11 月至次年 2 月期间安排四支运输船队沿北部路线前往苏
> 联。然而，这种沟通已经失去意义，因为你声称，此次派遣
> 北方运输船队前往苏联的安排既不是一种义务，也不是一种

协议，只是一个声明。按照我的理解，英国随时有可能单方面推翻它，而置苏联前线军队的生死于不顾。我必须声明，我完全不同意你们对待这个问题的态度。我们双方曾经达成专门的协议，认为英国政府有义务向苏联提供军备和其他军用物资，因为苏联已经连续三年身兼重担，对抗盟国共同的敌人——希特勒统治下的德国。

此外，北方路线确实是盟军将军火运输至苏德战场的捷径，这一点也不容忽视。只有利用好这条线路，才能将足量的物资按计划运输至苏联。我早前写信给你时曾谈到，若不利用北方航路运输物资，供给方面的缺口是无法通过由波斯港口向苏联运输武器装备和军需品来弥补的。

此外，由于某种原因，我们今年收到由北方路线输送而来的军需物资较上一年大幅减少，导致苏联无法按原计划向军队提供军用物资，这与英苏军用物资有关协议相悖。因此，当苏联军队在前线奋力阻击敌人的主力部队时，我们绝不允许英方在对苏供给问题上肆意妄为。在我看来，英方现在对待这个问题的态度就是在拒绝履行义务，也可以看作是在向苏联进行某种威胁。

2. 你在上一封电报中提到莫洛托夫先生的声明，里面涉及一些具有争议性的观点，我认为是不成立的。为解决军事代表团人员的签证问题，苏联方面提出了平等互惠原则，我认为这些原则是正确的，也的确是公正的。你也提到英军和苏联军事代表团各司其职，所以应由英国政府来决定英国军事代表团人员数量，这种说法也是毫无根据的。在过去的备忘录中，苏联人民外交委员会已经就这个问题做出了详细的说明。

3. 我认为没有必要增加驻苏联的英国军事服役人员的数量。苏联方面已经多次指出，目前驻扎在那里的英国军事人员并没有得到充分的利用，数月来都无所事事。比如，我们认为英国没有必要在阿尔汉格尔斯克港口设置一个基地，我方曾数次提议将它撤掉，但英国办事人员拖沓至今才着手处理。此外，我们还发现一些令人失望的现象：个别英国军事人员竟然违反规定，企图通过收买苏联公民，以达到获取军事情报的目的。这种行为损害了苏联公民的利益，自然引发了一些事件，从而导致了不愉快的纠纷。

4. 你提到繁文缛节和英国人员受限的问题，如果你意识到苏联当前的战争形势，就应该可以理解在前线和靠近前线的地区，这些条条框框是不可避免的。我要补充的是，这不仅适用于英国及外国公民，也同样适用于苏联公民。即便如此，苏联当局还是在这方面为英国军事人员和海员授予了许多特权，并且早在去年3月份已经将这一事宜告知英国领事馆。因此，你所谓的程序冗繁和诸多限制都是不确切的消息。

关于审查和控告英国军事服役人员的问题，以下是我的看法：根据互惠互利的原则，英国当局负责检查北方港口英国人员的私人函件；如果英方军事人员触犯法律，但情节轻微，并没有涉及庭审程序，那么这些案件应该交由相关的军事当局处理。

1943 年 10 月 13 日

＊　　＊　　＊

艾登先生已从开罗启程前往德黑兰，准备赶赴莫斯科。我向他发送了下面这封电报：

首相致外交大臣（在德黑兰）：

我此前发送电报向苏联询问运输船队的问题，但收到了非常无理的回复。我将我草拟的答复发给你。既然你快到达那里，我就把这件事情交由你处理，你可以见机行事。我们对海军轮换和信号操作人员一事必须态度强硬。如果能让运输船队卸下重任，并把我方人员从苏联北部调回来，那我们将如释重负。如果这是他们真正的意图和想法，我们不妨成全他们。

1943 年 10 月 15 日

下面是关于这封电文的草稿：

首相致斯大林元帅：

1. 英王陛下政府一定要充分考量海上的军事状况，才能决定是否派出上述四支运输船队。但是，如果苏联政府对物资的接收给予重视，我们将不惜代价，即使损失惨重也会全力促成此事。我不能僭越自己的职权，英王陛下政府也势必保留自己判断的权力，至于是否应该派遣英国军队执行特殊军事行动，英国政府自有定夺。

2. 对皇家海军来说，这四支运输船队的运行将是一个沉重的负担，因为需要从反潜艇战和军队护送中紧急抽调小舰队。如此一来，舰队的主舰艇就会被置于极度危险的处境。因此，如果运输船队对苏联政府来说可有可无，英王陛下政府将很乐意卸下这一重任。

3. 英国政府曾经提出对苏联北部的英国军事服役人员进行轮换和少量增员，尤其是一些通讯人员，因为在某种程度上来说，他们决定着运输船队的安危。但这些要求都遭到了拒绝，给双方造成严重的隔阂。苏联北部的英国军事人员原本就寥寥无几，英王陛下政府很乐意将他们撤回。此外，一旦这些人员确认苏联政府无意按英国政府提出的合理要求来接收运输船队，他们将立即返回英国。

1943 年 10 月 15 日

我向罗斯福总统说明了这个情况：

前海军人员致罗斯福总统：

1. 我想谈谈关于向苏联派遣运输船队的事情。我现在已经收到斯大林发来的电报，你一定会觉得这不是出自一位绅士之笔。为了他，我们不畏艰难，倾尽全力，不惜一切代价。我已经向安东尼发了一封复电，提出了我的建议，希望他见机行事。

2. 这封回复的电报耗时十二天，因此我认为，或者说我希望，它并不是出自斯大林之手。

1943 年 10 月 16 日

艾登先生现已抵达莫斯科。

首相致外交大臣：

你能在场处理派遣运输船队一事，那再好不过了。我将于今日下午三点会见苏联大使，准备把斯大林发来的无礼电报退还给他，并说明我不打算接收这封电报，因为我已授权你在莫斯科直接处理此事。至于我草拟的回复，你不必提交给他，最多作为一个参考吧。

此外，第一批运输船队正整装待发，准备于 11 月 12 日起航。美国应我们的要求派遣船只参与此次活动，现在这些船只正在装载货物，如果此刻突然叫停，我们也无法向美国交代。但我希望你同斯大林私下会面时可以指出以下几点：第一，这四支运输船队以及这一百四十批货物的重要性，并强调了为了保证必要的护卫我们所做出的努力；第二，我们要求一定程度上改善英方人员在苏联北部的不良待遇；第三，我们希望摆脱运输船队的重担，从苏联北部撤回英方人员；第四，你应该设法令他改观，不要误以为我拒绝白纸黑字签订契约或协议就是在威胁他们；我不过是想保留自己评判的权利，不希望像过去一样被指责为不守信用。我必须综合考量大西洋的局势，判断此次派遣运输船队在军事上的可操作性，再作定夺。我必须坚持保留这种评判的权利……

我能想象你参加的这个会议有多单调乏味，真希望能与你一同经历。你处理一切问题的时候，应该对英国的实力充满信心。我希望你既能让他们感受到我们致力于维护双方友好关系的诚意，也认识到我们对一些原则问题的坚持。祝你一切顺利。

1943 年 10 月 18 日

*　　*　　*

当天，我召见苏联大使。这是我第一次会见古塞夫先生（接任麦斯基成为驻英大使），他向我转达了斯大林元帅和莫洛托夫先生的问候，而我告诉他在加拿大时我们已经对他刮目相看。短暂的寒暄过后，我们就莫斯科会议和第二战场等问题进行了简短的讨论。我向他阐述了我的看法——不能贸然展开这一类军事行动，因此我一直都在酝酿着要召集英美军事专家，共同深入分析当前的情况和数据，否则一切讨论都是无稽之谈。我敞开心扉，向他透露我们确实有意与苏联成为友邦，也认定战后苏联将成为世界强大国家。对此，我们欣然接受，也会尽力促成苏联和美国交好。我再次表示，如果苏方允许，我殷切希望能够与斯大林元帅会面，同时也向他说明，英、美、苏三国首脑聚首对世界未来的格局具有重要意义。

随后我把话题转向斯大林关于运输船队的回复一事，简要地说明我认为这封电报将不利于形势的发展，也令我苦不堪言，并告诉他我所做的任何答复只会雪上加霜。我们的外交大臣在莫斯科，我已经嘱咐他当场处理此事，因此我并不打算接受这封电报。随之，我把一个信封交给大使。古塞夫先生打开信封确认，当他辨认出这就是斯大林

回复的电报时，他说他奉命要把这封信交给我。我回答说："我不准备接受它。"然后起身，以一种友好的姿态示意我们的谈话结束了。我走向大门，并把门打开，然后我们站在门边又闲聊了几句。我邀请他择日来参加午宴，我夫人征募了价值四百万镑的苏联基金，想必二人会面时，古塞夫先生可以解答她的一些疑问。随后，我鞠躬把古塞夫先生送走了，没有给他任何机会让他重提到运输船队的问题或寻机把信封退给我。

战时内阁对于我拒绝接受斯大林电报的举动表示支持。这确实是一次非同寻常的外交事件。我后来了解到，整个苏联政府都为之震惊。实际上，莫洛托夫在谈话中也好几次提及它。不仅如此，在消息传到莫斯科之前，苏联方面就已经对此讳莫如深。10月19日，艾登先生致电我说，莫洛托夫召集他前去大使馆，并说苏联政府非常重视运输船队，对他们的到来翘首以盼。从北方航路运输物资到前线，耗时最短，效率最高。此刻，苏军正在战场上艰难地应战，他们必须要突破德军的冬季防御战线。莫洛托夫答应会向斯大林全盘托出，并安排一次会面。

艾登继续说道：

> 近日，两名英国商船海员因袭击了苏联北部的一名苏联人而受到了严重的刑罚，他们的命运牵动着我的心。除非苏联政府释放这些可怜的英国海员，并移交给英国海军当局，由我们遣送回国，否则我不会答应恢复派遣运输船队，英国大使也支持我的做法。我相信，如果我们对这两名海员不闻不问，任由他们在苏联监狱中饱受折磨，另一方面又让即将护送运输船队的英国海员们置身于险境之中，相信你与我一样会耿耿于怀。

21日，我们终于迎来了这次重要的会面。与此同时，艾登提议，为了增加他的谈判筹码，我应该暂缓此次运输船队复航的第一个步骤

——派出驱逐舰。

外交大臣致首相：

1. 昨天晚上，我与英王陛下的大使一同会见了斯大林和莫洛托夫。我们之间的谈话涉及广泛议题，共持续了两个小时十五分钟。

2. 简单的寒暄之后，我开门见山地提出运输船队的问题，告诉他们运输船队复航对皇家海军来说是一个极大的挑战。每一支运输船队的航行都是一次海上军事活动，需派出四艘巡航舰和十二艘驱逐舰为其保驾护航，还要出动所有本土舰队对其进行掩护。若要组建基本规模的护航队，就必须从大西洋抽调舰只，这样必定会削弱我们在大西洋的海军力量。虽然反潜艇战的形势正朝着有利于我军的方向发展，但是双方势均力敌，仍需苦战一番才会见分晓。这时，我向斯大林展示了一张图表，上面标识着过去三年德军参与战斗的潜艇数量，图表显示这个数目现在仍处于峰值。我们无法承诺将四支运输船队全部派出，因为有时候战争局势会发生突变，我们也需要用以应急。所以，只能先小人，后君子。但我们也真诚地希望能恢复这些运输船队。经过辛苦的基础筹备工作，你对我们的承载能力做出了预估，即一百三十至一百四十艘船的供应物资，总数约为八十六万吨。我将这些信息都转告给了斯大林。如果运输船队确实要复航，我们希望尽早开始。因为我们已经以此为基础对海军进行了部署，而且德国舰艇"提尔皮茨"号近期处于停运状态。我们对海军人员数量的要求已经降至最低，无法再让步了。如果能够达成基本共识，我再向莫洛托夫提出一些相对次要的要求。

3. 我讲解完潜艇战的情况之后，斯大林点头表示赞同，他说双方都认可运输船队复航所带来的挑战，真正的分歧在于是否将这次行动认定为我方的义务。你曾经暗示我说，每

派遣一支运输船队，对他们来说都是一种馈赠，而斯大林却觉得这不切实际。按他的理解，我们有义务交付这些物资。当他回复你时，却把你惹怒了，进而拒绝接受他的回电。我回答他说我们从未表明派遣这些运输船队是一种恩惠或资助行为。你不遗余力地将这些物资输送给我们的盟友，但是由于种种原因（我前面已经解释），你无法确保这一系列的行动都能顺利开展，因为有时计划会夭折。斯大林本人对盟友的诚意信心十足，所以你被他的回复所伤害也就不足为奇。元帅解释说他无意要冒犯。

4. 经过进一步的讨论，斯大林说他不同意我方军事人员增员。目前，苏联北部港口仍有大量英国海军游手好闲，还向苏联海员挑起事端，并表示苏联人可以接手运输船队。我答复他说这是不可能的。他说如果在苏联北部的英方人员没有趾高气扬地对待苏联人，就不会引起这些纠纷，倘若英方人员能够平等对待苏联人民，那么我们便可以按自己的意愿增员。一番争论之后，双方决定派莫洛托夫和我于明天再次会面，届时我会将我方的要求列举出来，看是否能达成一致。

1943 年 10 月 22 日

＊　　　＊　　　＊

就这样，我们最后商定恢复派遣运输船队。第一支于 11 月起航，第二支在 12 月紧随其后，两批共七十二艘船。最后，这两批船队都安全抵达，与此同时，运输结束之后的空船也都顺利返航。

原定于 12 月出航的这支运输船队在海上引发了一场令人振奋的海上战争。"提尔皮茨"号已经失去战斗力，在挪威北部的海面上，敌人唯一的筹码便是重型战舰"沙恩霍斯特"号。1943 年圣诞节当晚，它联合五艘驱逐舰从阿尔滕峡湾起航，袭击熊岛南面约五十英里海面上的运输船队。加强护送实力后的运输船队有十四艘驱逐舰，另外还

有三艘巡洋舰提供掩护。此外，本土舰队总司令弗雷泽海军上将乘坐的旗舰"约克公爵"号，连同巡洋舰"牙买加"号和四艘驱逐舰，此时正位于大西洋的西南方向。

"沙恩霍斯特"号曾两次对运输船队发起攻击，每一次都遭遇护航的巡洋舰和驱逐舰的拦截和抵抗。双方激烈交火之后，"沙恩霍斯特"号和英国巡洋舰"诺福克"号都有损伤，德军停止了进攻，向南边撤退。然而，我军巡洋舰穷追不舍，并追踪汇报它的行迹。在整个作战过程中，我们没有发现德国驱逐舰的身影，它们并未参与此次行动。与此同时，本土舰队总司令正乘风破浪全速前进。下午四点十七分，当北极黄昏最后的余晖消失殆尽之后，"约克公爵"号通过雷达探测到敌人正在距离自己约二十三英里处。"沙恩霍斯特"号此时却对它即将遭受的厄运全然不知，直到下午四点五十分，"约克公爵"号在距离敌军约七英里处开火，并在照明弹的辅助下展开袭击，德军这才手足无措地应战。与此同时，弗雷泽海军上将派出四艘驱逐舰伺机偷袭敌人，其中的"斯托德"号由挪威皇家海军人员操控。"沙恩霍斯特"号仓皇逃窜，掉头驶向东方海面。在追击途中，它几次被炮弹击中，但是凭借速度优势逐渐甩开我军船只。然而，到了下午六点二十分，它的速度开始减慢，我们的驱逐舰得以从两面包抄它的侧翼。大约下午七点，它们展开殊死拼搏，最终我军的四枚鱼雷击中了敌舰，我方只有一艘驱逐舰被炮弹击中。

正当"沙恩霍斯特"号企图调头来击退我军驱逐舰的时候，我军"约克公爵"号迅速逼近至离它约六英里处向其再次开火，令其几近溃败。不到半小时，这一场实力悬殊的对决就结束了，我军战舰完胜敌军受创的巡洋舰，"约克公爵"号让巡洋舰和驱逐舰来收拾残局。"沙恩霍斯特"号很快就被击沉了，船上有一千九百七十名官兵，其中包括贝海军少将，他们都葬身大海，我们只救起了三十六人。

敌军的"提尔皮茨"号虽然丧失战斗力，但也苟延残喘至一年之后才被我军歼灭。击沉"沙恩霍斯特"号不仅为我军北极运输船队剔除了最大的威胁，也令我们的本土舰队重获新生。我们终于如释重负，

不用再时刻防备着德国的重型舰只随时闯入大西洋。

*　　*　　*

1944 年 4 月，有迹象表明，"提尔皮茨"号已经基本复原，准备驶往波罗的海一个港口重新进行武器装备。然而，我方航空母舰"胜利"号和"狂暴"号上的飞机使用重型炸弹对它进行轰炸，使它再一次无法动弹。皇家海军从苏联北部的一个基地向"提尔皮茨"号发动进攻，对它造成进一步的破坏。无奈之下它不得不向英国方向行驶二百英里，转移至罗姆索峡湾，而这里仍处于我们本土的重型轰炸机的最远航程范围以内。德军原本打算把这艘战舰运送回本国维修，但现在他们认定它已经不具有远洋作战军舰的价值了，所以就放弃了这种想法。11 月 12 日，二十九架特制的皇家空军"兰开斯特"式轰炸机，包括以炸毁莫内水坝而闻名的第六百一十七皇家空军中队的轰炸机，利用重达一万二千磅的炸弹，给"提尔皮茨"号致命一击。它们从苏格兰的基地起飞，连续飞越二千英里到达目的地。晴空万里之下，三枚炸弹都成功命中目标，"提尔皮茨"号在停泊处被倾覆，敌方一千九百名船员中，半数以上丧命。我们只损失了一架轰炸机，且机组人员都幸免于难。

现在，所有英国重型军舰都可以自由地驶向远东了。

第七章

SEVEN

莫斯科外长会议

回顾魁北克会谈——三国元首会面的必要性——外长预备会议——10 月 19 日聚首莫斯科——斯大林紧盯跨海峡进攻——关于土耳其和瑞典参战的问题——艾森豪威尔和亚历山大对意大利战局的重要汇报——在克里姆林宫进一步会谈——苏联人督促实施"霸王"作战计划——我草拟的宣判德国战犯的三国宣言已通过——会议的重要成果

为了梳理清楚这些外交事件的起承转合,我们有必要回顾一下前面章节的内容。自从召开魁北克会议以来,我们就一直向斯大林提议召开三国首脑会议。我还在魁北克的时候,就接到了他的回复,内容如下:

斯大林元帅致首相(在魁北克):

我刚从前线回来,已经阅读了英国政府于 8 月 7 日发来的电文。

1. 你提到三国政府首脑有必要进行会谈,我对此表示赞同。我们与美国总统商榷好会议时间和地点之后,应立刻着手安排。

然而,我很遗憾地告诉你,鉴于苏德战场目前的战况,我确实分身乏术,哪怕离开战场一周都不行。虽然最近我们打了几场胜仗,但苏联军队和苏联统帅部对敌军的风吹草动都时刻保持高度警惕,保存实力准备迎战。因此,我需要更加频繁地到前线各处进行视察。如此一来,我无法造访斯卡帕湾①，更不能远赴其他地方与你和罗斯福总统会晤。

但是，为了及时探讨三国共同关心的问题，我们应当组织三国代表进行会面，这样就可以尽快在会议的时间和地点等问题上达成共识。

此外，我们需要事先对议题的范围统一意见，同时确认提议草案能得到双方的认可。否则，会议不会有实质性的结论。

2. 同时，我借此机会祝贺英国政府和英美军队在西西里战役中大获全胜，促使墨索里尼政权和他的幕僚集团彻底垮台。

1943 年 8 月 10 日

这是苏联第一次对三国首脑会议表示认可，起码同意以某种形式进行会谈。我将回复电文发给艾登，由他转发给莫斯科，并对他说："再次接到斯大林亲自发来的电文，我非常高兴。我按照你的意思进行了回复，请帮我转交给他。"

与罗斯福总统商讨之后，我们拟定了一份联合电报发送给斯大林。

首相和罗斯福总统（在魁北克）致斯大林元帅：

1. 我和罗斯福总统已携代表抵达会议地点，预计将进行为期十日的会议。你有充分的理由留在战场，对此我们表示完全理解。因为有你亲自指挥战斗，苏军才胜仗连连。然而，我要再次强调三国首脑会议的重要性。我们认为，无论是阿尔汉格尔斯克还是阿斯特拉罕都不是适合的地点，所以我们准备携合适的人选前往费尔班克斯（在阿拉斯加），同你一起对整个局势进行考察。目前似乎是三国会谈的绝佳时机，也是战争的重要转折点。我们诚挚地希望你再考虑一下这个

---

① 位于苏格兰的奥克尼群岛。

问题。至于将在魁北克逗留多久，首相会视情况而定。

2. 假如确实无法召开这次的紧急三国政府首脑会议，我们同意于近期召开一次外长级的会议。这次会议的基调应当是探讨性的，因为最后的决策权还是在双方政府手中。

1943 年 8 月 19 日

斯大林回复说：

我已经收到了你们于 8 月 19 日发来的联名电报。

关于三国首脑会议的重要性，我完全认同你和罗斯福先生的观点，但我也恳请你们理解我目前的处境。苏联士兵正火力全开，奋力抗击希特勒的主力部队。此时，希特勒寸步不让，不仅没有从我们的战场上撤回任何一支部队，反而成功调派援军，源源不断地向苏德战场继续增派新的部队。所有同僚都反对我在这样的时刻离开战场远赴费尔班克斯，因为我一旦缺席，战事可能会失利。当然，如果我们的战局不那么剑拔弩张，我此前提议的费尔班克斯确实是一个理想的会议地点。

你提议三国召开一次外长级的代表会议，我表示赞同，应该尽快组织安排。但是，这次会议不应该是纯探讨性的，它应该是实质性的和筹备性的，以便各国政府在会谈之后能果断地对紧急问题做出决策。因此，就像我之前所说，各国代表有必要在会前对会议内容进行确认，拟定议题草案，并提交给政府作最后的决策。

1943 年 8 月 25 日

首相致斯大林元帅：

1. 接到你于 8 月 25 日的电报，我很高兴。你在电报中表示同意尽早在苏联召开苏、美、英三国外长会议。如果莫洛

托夫先生能够到会，我们将派遣艾登先生参加。

2. 当然，上述与会人员不能僭越职权，完全代表各国政府的意志。我们殷切希望了解贵国对未来的规划，一旦我们这方面的想法成型，也会坦诚相告。会议结束后，三国政府将要作最后决策。届时，我希望我们能在某处亲自会面，如果有必要，我愿意前往莫斯科。

3. 与会时，政治代表们可能需要军事顾问的协助，我将派出一位将军级军官黑斯廷斯·伊斯梅爵士共同赴会。他是国防厅秘书，也是我在三军参谋长委员会中的个人代表。他将为相关军事议题提供论据、事实和数据。我相信美国也会派遣一位资历相当的军官出席会议。我认为这些人员方面的配备足以应付现阶段的外长级会议。

4. 但是，如果你想深入细致地探讨一些技术层面的问题，比如为什么我们迟迟未横渡海峡进攻法国？为什么不能更早一点进攻法国？为什么在进攻法国的作战预案中，兵力稍显不足？你应该另组一个技术代表团，由陆军和海军将领所组成。我们欢迎他们前往伦敦或华盛顿，或先后到访两地参加会议。届时，我们会将我们的想法、掌握的资源和作战意图巨细无遗地展示给他们，然后一起展开讨论和研究。我很高兴你提出这个要求，因为你确实有权利要求得到合理的解释。

5. 我们认为，英国在地理上介于美苏两国之间，是最适合召开会议的地点，但是为了稳妥，我们在选址时应该排除伦敦。我已经向罗斯福总统提议，但是对此他还没有给我一个最终答复。如果你也同意将英国作为会议召开地点，希望你能支持这个提议。

6. 我希望我们能够在10月初举行外长会议。

1943 年 9 月 5 日

斯大林元帅致首相：

　　你提议将三国代表会议时间定为 10 月初，我们表示同意。我提议将莫斯科定为会议地点。另外，为了便于三国政府对共同关心的议题做出决策，双方应提前确认会议议程，并事先就各项提议达成共识。按照惯例，为了确保会议顺利召开，为各国政府共同决策做好预备工作，这些都是必不可少的步骤。关于会议组织的其他方面，我相信双方都能基本保持一致意见。

　　我已经写信给罗斯福总统，向他说明我愿意尽力促成三国首脑亲自会晤，而且对于他提议的会议时间（11 月或 12月），我也表示认可，但是我认为会议所在地应该有三国各自派驻的代表，比如波斯。唯有一点我仍持保留态度，那就是会议的具体时间，我认为应该依据苏德战场的形势来定夺。因为在苏德战场上，双方共有五百多个师在激战，每一天都需要苏联最高统帅部发号施令，指挥战斗。

1943 年 9 月 8 日

9 月 10 日，我答复了斯大林元帅的建议。

首相致斯大林元帅：

　　关于外长会议，我们遵从你的意愿，会议地点定在莫斯科。我们已安排外交大臣艾登先生在 10 月初赴会，随同的还有一位得力的参谋员。

　　关于会议议程，英王陛下政府声明：愿意同苏联和美国同盟讨论任何议题。我们将于几天后公布我方的议题。与此同时，我们也殷切地希望能了解贵国关心的议题。

　　我认为这次外长级会议是三国首脑会议的重要铺垫，也是三国政府首脑会议必要的预备会议。首脑会议的时间很可能定于 11 月 15 日至 12 月 15 日之间，能尽快举办这个会议，

我感到高兴，也很欣慰。过去的几个月以来，我都一直向你
表示，我愿意在任何时间、任何地点、冒任何风险参加此次
会议。关于会议地点，我觉得塞浦路斯或者喀土穆是不错的
选择，但我还是尊重你的意见。如果你认为在波斯还有比德
黑兰更适合的地方，我将出发前往此地。斯大林元帅，我想
告诉你，所有的联合国家都期盼着我们三人之间进行会谈，
希望这次会议能商讨出尽快结束战争的最优方案，并且构思
战后世界格局的重建，希望英、美、苏三国能对世界人民增
添源源不断的福祉。

1943 年 9 月 10 日

*   *   *

外长会议已经安排就绪，将于不久后召开。从魁北克回到伦敦以
后，我概括了会议涉及的总体纲要，起草了一份备忘录，供我的同事
们参考。

首相为外交大臣参加即将举行的会议所起草的备忘录

1. 大不列颠并不是为了谋取私利才卷入这场战争，这无
关乎任何领土权益或特殊利益，而是在履行该尽的义务和伸
张正义。

2. 我们坚决拥护国际联盟制度——一个欧洲委员会、一
个国际法庭以及一支能够执行判决结果的武装力量。在停战
期间（这个时期或要延长），我们主张三个大国——英国、
美国、苏联应该团结起来，全副武装，方能执行停战条款，
在世界范围内建立永久的和平机制。

3. 我们认为，凡是在战争期间受制于纳粹和法西斯暴力
的国家及地区，出席和平会议时都应该享有完整主权，所有
有关领土的归属问题也应该以和谈的方式解决。同时，对于

这些国家的人民利益应予以适当的照顾。

4. 我们重申《大西洋宪章》的原则，请注意苏联加入《大西洋宪章》是基于它在1941年6月22日的国土边界，同时也应留意苏联在1941年和1939年被德国两次入侵之前的国土面积。

5. 我们支持波兰与苏联之间以建立一个强大的、独立的波兰为宗旨达成的各种协议，这些协议应同时确保苏联西部边界不受侵犯。

6. 我们坚决主张在纳粹主义和法西斯主义的老巢（即其策源地）将其连根拔起，建立民主政府，确保人民安居乐业，能够自由表达意愿。为了实现这个主张，我们保留采取军事外交手段的权利，也可能与临时政府联手，这样才能使我们在实现主要目标的同时尽可能减少杀戮（尤其是对盟军的屠杀）。

7. 我们对德国或意大利在纳粹或者法西斯政权期间进行的一切领土扩张予以否认。此外，我们认为德国未来的格局和普鲁士（德意志国家的一分子）的地位应由西方三大强国共同裁定。

8. 为了防止犯罪国以武力威胁欧洲的和平，我们决心采取一切必要的应对措施，不仅要解除他们的武装，还要持续地在他们的活动范围内管制形形色色的武装机构或组织。

9. 使欧洲成员国处于隶属或受约束的地位并不是我们的本意，除非为了普罗大众和维护世界和平的需要而必须这么做。

10. 为了服务普罗大众，推动人类事业的进步，我们必须矢志不移地善用战胜国的权力。

1943年10月11日

＊　　　＊　　　＊

在莫斯科举行的三国外长会议在目前复杂的局势当中发挥了重要的作用。罗斯福总统希望年事已高的赫尔先生能免于远赴莫斯科的舟车劳顿，于是提出将伦敦作为会议地点，但是被斯大林一口回绝了。赫尔先生并没有退缩，这位久经考验的外交家在身体抱恙的情况下尝试生平第一次空中之旅，确实是勇气可嘉。

三国外长在赴莫斯科面之前进行了大量的电文往来，讨论会议议程。美国提出了四个议题，包括《四国宣言》，主要探讨在停战期间如何处置德国和其他欧洲敌国。而我们提出不少于十二项议题，内容涉及对土耳其的共同政策、在波斯的共同策略、苏联和波兰的关系以及波兰的一般政策。苏联只提出了一项建议，即"设法缩短对德国以及欧洲轴心国的作战时间"。这显然是一个军事问题，而不是政治问题。但苏联从一开始就表态，只有彻底解决了这个问题，苏方才参与讨论其他问题。鉴于此，我们认为最好让伊斯梅将军加入我们的代表团。

＊　　　＊　　　＊

外长会议的第一次正式会议于 10 月 19 日下午举行。当莫洛托夫先生被推举为会议主席时，他效仿下议院议长被推选时的故作推辞，最后还是确认当选。显然，他和他的代表团对此非常满意。随即，会议议程确定下来。这些筹备工作结束后，莫洛托夫将苏联的下列建议递给大家传阅：

1. 英美政府于 1943 年采取紧急措施，确保英美军队成功进入法国北部。与此同时，苏联军队在苏德战场上痛击德军主力，里应外合，彻底削弱德国的军事战略地位，真正缩短

作战期限。

　　1943 年 6 月，丘吉尔和罗斯福先生发表声明——英美军队将于 1944 年春进攻法国北部。时移世易，苏联政府现在有必要对这一声明的有效性进行确认。

　　2. 三大国敦促土耳其立即参战。

　　3. 三大国提议瑞典在英美对德抗战中向盟军提供空军基地。

莫洛托夫问赫尔先生和艾登先生，当他们抽空对这些议题进行研究后，是否准备在限制级会议中继续探讨这些议题，双方对此表示同意。

艾登先生向我汇报了会议的来龙去脉，我立即回复了我的看法。

首相致艾登先生（在莫斯科）：

　　1. 目前我们为 1944 年制订的计划似乎漏洞百出。我们将于 5 月向法国派遣十五个美国师及十二个英国师，以及在意大利前线部署六个美国师、十六个英国师或英国控制的师。而希特勒现在所处的位置是世界上最便利的交通枢纽，除非德军在战争中元气大伤，否则他能轻松集结至少四十至五十个师对抗我们派出的军队，并同时牵制其他军队。一旦形势所迫，需要集结一定规模的部队，他可以将巴尔干半岛的军队撤回萨夫河和多瑙河，这样一来，既可以降低巴尔干半岛的损失，也无须削减苏联战场上的兵力。这是最基本的战争命题之一。我们如何在意大利战场和英吉利海峡战场部署军队，这不是取决于战略需求，而是由事件的进展、航运能力以及英美之间的即时谈判决定的。无论是在意大利集结的军队，还是将于 5 月横跨英吉利海峡的军队，都无法满足我们的作战需求。在两个战场间实际能够调动的部队只有七八个师。我决定重新审视局势。

2. 如果我是决策者，我不会从地中海撤军，也不会从狭窄的意大利靴形地带开进波河流域，而是在更加狭窄的前线同敌军顽强抗战，同时挑起巴尔干和法国南部的骚乱。眼下德军依旧兵强马壮，我认为我军应该在六十天以内集结至少四十个师横跨英吉利海峡，除非在此期间我军在意大利前线与敌军发生激战，则另当别论。美国认为英国本土空军有能力扫除战区内或战区通道上的一切障碍，对此我不敢苟同。因为迄今为止，并没有出现过类似的壮举。所有这些信息只供你们内部参考，暂时不作战略部署之用。然而，这些信息有助于你认清一个事实：如果我们将5月份的"霸王"行动视为我方的义务，这将给我们带来很大风险。这样一来，可能会断送我们在意大利前线及巴尔干半岛的各种军事利益，同时会令我军在跨越海峡三十天或四十天以后，因兵力不足而自身难保。

3. 你应该查明苏联人对巴尔干半岛的真正意图。我们打算从爱琴海发起进攻，让土耳其参战，随后打通达达尼尔海峡和博斯普鲁斯海峡，英国海军力量和舰艇便能为苏联保驾护航，也能够在多瑙河沿岸助苏军一臂之力。这样的作战方案是否对苏联有吸引力？如果我们打通黑海航道，为盟军的战舰、物资供应，以及盟国的军队运输（包括土耳其军队）创造条件，苏联人究竟会产生多大兴趣？我们这个顺时针方向展开的行动是否正中他们下怀？或者他们只希望我们攻打法国——无论何时，只要得知英国在集结部队，都会有大批德军在西部待命，受制于此。苏联人也许出于政治原因会反对我们在巴尔干大干一场。另一方面，他们希望土耳其参战，也表明了他们对东南战场必有所图。

4. 我坚信在爱琴海取得一席之地对我们至关重要。因此，必须攻占罗得岛，重夺科斯岛，坚守莱罗斯岛，并在这些水域树立我方空军和海军的威信。当我们在守卫莫罗斯岛和争夺罗得岛时，苏联是冷眼旁观还是有意出手相助？他们是否意识到此举对土耳其的影响以及为海军挺进黑海所提供的便利？我再一次提醒，这些内容只供你参考，不宜外传。

1943 年 10 月 20 日

*　　　*　　　*

10 月 21 日，为了讨论苏联议题，各国代表再次在莫斯科聚首。艾登先生、英国大使阿奇博尔德·克拉克·克尔爵士、斯特朗先生和伊斯梅将军代表英方；赫尔先生、哈里曼大使和迪恩少将代表美方；莫洛托夫先生、伏罗希洛夫元帅、维辛斯基先生和李维诺夫先生代表苏方。会议一开始，伊斯梅就代表英美代表团，基于魁北克决议发表讲话，其间他详述了跨海峡进攻行动的各种不利因素。

随后的讨论中，我方代表明确声明，只要具备双方约定的条件，我方不会出尔反尔，将继续履行诺言。至此苏联人对我们的表现似乎颇为满意。莫洛托夫说，苏联政府将对伊斯梅的发言进行细致的研究，并在随后的会议中进行进一步的讨论。

艾登先生紧接着将话锋转到了土耳其问题，并说明我们目前无法提供必要的有效支援。于是，我们决定将共同与土耳其交涉的问题延后再议。艾登先生还提及了苏联关于瑞典的提议。瑞典明确要求苏联对芬兰问题做出保证，而这恰恰是苏方不愿触碰的话题。

*　　　*　　　*

当晚，艾登拜访了斯大林，二人的会谈持续了两个多小时，涉及广泛议题。如读者所知，最关键的问题当属大西洋护航队。他们也谈到了计划中的盟国政府三方首脑会议。斯大林坚持将会议地点定在德黑兰。

此次谈话整体进展顺利。

*　　　*　　　*

艾登先生这时已经收到了我于 10 月 20 日发出的电报，并在回电中阐述了他的观点。他说苏方现在对我军进攻法国北部一事非常关注。他们目前最关注的是，能否在会议中达成这一协议，并且不厌其烦地打听：我和罗斯福总统曾经于 5 月的华盛顿会议结束之后向斯大林提议在 1944 年初春进攻法国，现在这一提议是否还有效？何时展开行动？

关于第一个问题，他明确地向他们说明答案是肯定的，但是他强调行动若要取得成功，必须满足三个条件。第二个问题，我方的看法是最好不要给出具体的日期，但艾登先生也向对方保证，我们现在已经全面展开备战工作，目标是在春季天气好转之后实施进攻。

我回复如下：

首相致外交大臣（在莫斯科）：

1. 如果土耳其被迫参战，它将对空军支援提出强硬要求，如此一来，必将对我方意大利的主战场产生不利影响。但是，如果土耳其是自愿参战，而且经历一个风平浪静的阶段，我们就不必担此义务，又可以从中获取巨大的利益。显然，时机至关重要，而时机则取决于在保加利亚和色雷斯的敌军的进攻实力。若取得成功，我们的战利品便是自由出入黑海，为苏联提供物资供应、我们的战舰以及其他军队。这就是我所说的"为苏联提供强有力的支持"。土耳其自愿参战并非不可能，若德国人为了保存实力，准备将军队从巴尔干撤至多瑙河和萨夫河，那可能性就更大了。

2. 关于芬兰和瑞典。瑞典如果能参战，也将对我们十分有利，因为德国并没有足够的实力对瑞典军队展开强攻。我们应该争取让一个新的国家加盟，因为它将带来一支精悍的

队伍。我们在挪威的收获将会产生深远影响。同时，我们会向苏联提供重要的空军设备。而我们在英吉利东面兵力雄厚，与瑞典相比，从这里发动攻势轰炸德国将事半功倍。因为在瑞典，所有物资的筹备都从零开始，而且只能通过空运。英国与德国各地之间的距离恰好与瑞典至德国的距离相差无几。事实上，以目前英国的军事设备，加上在罗马北部有望缴获的敌军武器，我们的重型轰炸机可以遍布德国的每一个角落。

3. 从我个人的角度来说，我希望看到土耳其和瑞典自愿参战。我认为这两个国家不会真正遭受战争的侵害，希特勒树敌越多，就越有望加速他的灭亡。尽管如此，我建议首先要确认我们与苏联各自的需求，以及什么样的措施才符合双方的最大利益。第二步则是紧接着采取什么方式方法来实现。先把方案做出来，然后再向我汇报吧。

1943 年 10 月 23 日

两天以后我又补充道：

首相致外交大臣：

苏联希望土耳其和瑞典自愿成为共同交战国或实际盟友。经过深思熟虑，我更加确信我们不应该对苏联的这一意图加以阻挠。在这个问题上，苏联人不应光说不练，而我们也不该只知道添麻烦。正确的做法是双方在原则上达成一致，在接下来讨论方式方法的过程中，困难自然会浮现，因为这一过程必然会面临很多问题。此时，双方会共同去克服困难，权衡它们的重要性和紧急性。无论如何，我们不应该以吹毛求疵的态度展开对话。

1943 年 10 月 25 日

*　　*　　*

我在前面的章节曾经谈到，艾森豪威尔将军发来一封重要电报，汇报亚历山大将军对意大利战场做出的判断，现在我已经收到了这份电报。我将它转发给艾登，并请他转交给斯大林阅读。我补充了以下几点：

1. 为了集结兵力，以筹备七个月之后的"霸王"行动，我们将最精锐的部队和大批重要的登陆艇从地中海抽调出来，导致我军在地中海深陷危机。几个月前我们满怀诚意地达成协议，认定各方责任，但现在他丝毫不考虑战争局势的变化，盲目又固执地履行着各自的义务。你找一个恰当的时机让他明白：意大利战场战绩赫赫，已经成功率制了大规模的德国储备军，只要这个行动是由我负责，我是不会眼睁睁地看着意大利战役被 5 月份的"霸王"行动（横渡英吉利海峡）所拖累，最终演变成可怕的悲剧。我们必须支持这场战役，抗战到底，直至战争胜利。我们会倾尽全力确保"霸王"行动成功，但是为了眼前的政治利益而不惜打败仗是毫无意义的。

2. 因此，你必须声明我方观点：此前我方对"霸王"行动所作出的承诺，因局势的变化，必须结合意大利战役的情况而做更改。我和罗斯福总统正商议这个问题，但我们坚守一个原则，即英国军队在这个关键时刻不会弃意大利战役于不顾。我们会尽可能为艾森豪威尔和亚历山大提供他们所需要的一切，确保这场战事成功，至于会对其他军事行动产生什么影响，我们暂不考虑。这些安排无疑会对"霸王"行动的作战日期产生影响。

1943 年 10 月 26 日

三天后，我对这个议题提出了我最后的观点：

首相致艾登先生（在莫斯科）：

"霸王"行动仍然是我们 1944 年的主要军事行动，我们当然不会将它放弃。但是，为了确保罗马战役的胜利，我们暂时不能抽调地中海的登陆艇，所以可能会将"霸王"行动的作战日期稍微往后推迟，可能会延迟到 7 月份，因为小型登陆艇在冬季无法穿过比斯开湾，只能在来年的春季再动身。然而，既然延迟作战日期，就意味着我们将以更强大的兵力展开进攻，对德军进行不间断的全面轰炸。我们已经整装待发，随时准备摧毁德军。你可以在讨论的时候借用这些观点。

1943 年 10 月 29 日

* * *

晚间，艾登先生携英国大使和伊斯梅前往克里姆林宫。莫洛托夫也陪同在斯大林左右。会面一开始，艾登就向斯大林转交了艾森豪威尔将军就意大利形势的俄文电报。为了让莫洛托夫也了解电报内容，斯大林大声朗读了起来。阅读完毕后，他并没有愁眉不展，而是说，据苏联情报，有十二个英美师正在罗马南部攻打六个德国师，还有六个德国师在波河一带。当然，他也承认亚历山大的情报可能更准确。艾登先生说我迫切希望斯大林了解意大利局势的最新消息，而且要他了解，我不仅关注此事，还坚决主张支援意大利战役，抗战到底，直至取得胜利，不论这将对"霸王"行动带来什么影响。他补充说，现在盟国处于重要的决策关头，所以尽快召开三国首脑会议迫在眉睫。

斯大林微笑着，若有所思地说如果我们没有足够的部队，召开三国首脑会议也无法凭空臆造出军队来。然后，他开门见山地问电报中的意思是否是要推迟"霸王"行动。艾登回复说，英美联合参谋长委员会对其进行充分研究，决定是否要适时做出调整，在结论出来之前，他无法给出明确答复，但是要正视这种可能性。他引用了我电文中的内容，"我们会倾尽全力确保'霸王'行动成功，但是为了眼前的政治利益而不惜打败仗是毫无意义的。"我们将面临两大困难，首先是登陆艇，其次是将"霸王"行动的先遣部队——七个久经考验的师将在11月初运往英国。也许，我们确实会推迟运送这些军队（起码一部分会受影响），但是，现在我们还无法估计这是否会影响"霸王"行动的作战日期或者说将产生多大影响。

　　随后，斯大林又提到总体战略，他认为我们有两个选择：在罗马北部采取守势，在"霸王"行动计划中动用其余的全部兵力；或横穿意大利直攻德国。

　　艾登先生说第一个方案与我们不谋而合。据他了解，若攻下比萨—里米尼战线，我们便已经深入罗马北部，将用以轰炸德国南部的空军基地收入囊中。对此，我们见好就收，不打算跨越这条战线继续冒险。斯大林显然也认同我们的做法，他说翻越阿尔卑斯山困难重重，而且德国人正好在那里守株待兔呢。攻下罗马之后，英国将名声大振，在意大利战场中转为守势也无妨。

　　接着我们谈到了其他的攻击地点。艾登先生说我们可以对法国南部进行佯攻，牵制部分法国兵力，为"霸王"行动制造有利条件。如果我们可以用两个师的兵力攻占一个桥头堡，应该可以牵制在非洲北部训练有素、装备精良的法国部队。斯大林也觉得这是一步好棋，因为希特勒势力越分散，对我们越有利，这正是他在苏联战线上屡试不爽的战术。但是，我们有足够的登陆艇吗？

　　他提出这样一个问题："霸王"行动到底是推迟一个月还是两个月呢？艾登先生说他无法作答。目前可以肯定的是，我们会在确认时机成熟、有望取胜的前提下，尽早实施"霸王"行动。斯大林对此毫无异议，但是他说罗斯福总统仍然不认可将德黑兰作为会议地点。当艾登提议哈巴尼亚时，斯大林和莫洛托夫都坚决反对。斯大林表示，为了对希特勒的军队进行持续的打击，他本人不能远行。德军最近为苏联战场增派了一部分从法国和比利时调来的装甲部队，但他们缺乏

物资和装备。因此，应该乘胜追击，不让希特勒有喘息的机会。他还主动透露，此前德军为了防范英军进攻，在西部部署了四十个师。由于这些兵力受到英国牵制，苏联才能取得今天的战绩。苏联充分了解我们在这一共同事业中所做出的贡献。

艾登先生说，元帅一定知道，英国首相也一样迫切希望击败希特勒。斯大林完全认同这一点，但他大笑着说道，我倒是轻松，苏联人却任重道远。艾登不同意这个说法，随即提到了英国海军在军事行动中的困境以及最近我军驱逐舰遭受的惨重损失。斯大林又变得严肃起来，说他的下属几乎没有提到我方海军行动，但是他能体会其中的艰难。

艾登先生发来电报说："整个会谈进行得异常顺利，斯大林似乎颇有幽默感，他当晚并没有对我们的过去横加指责，也没有刻意忽略我们所面临的实际困难。这也许只是他的第一反应，经过仔细思量后，情况未必能如此乐观。但重要的是，他竟然主动提到我们做出的贡献——将四十个德国师牢牢地牵制在西部，也对我们海军行动遭受的挫折和急需登陆艇一事表示同情，这一切似乎说明他开始意识到渡海作战的难度。尽管如此，他还是希望我们能尽早执行'霸王'行动计划，而他对我们充满信心，这一点令我印象尤为深刻。"

在会议期间，我们可以感受到苏联政府确实真挚地希望与英美两国建立长久的友好关系。无论是在正式会谈或是私下会面，我们提到未来可能出现的一些困难时，斯大林都愿意倾听并表示理解。仔细回想起来，我们并没有什么不满意的地方。艾登先生说："莫洛托夫已多次在不同场合体现了这种态度。尤其是今天，他以会议主席的身份主持军事会议的最后一轮会谈时，更是如此。他对我和斯大林昨晚的谈话结果显然很失望，而且在苏联提出关于土耳其和瑞典问题时，我们完全没有声援他们，更令他大失所望。然而，他在处理我们的事务时，却有意避免令双方尴尬。今晚，我收到他发来的电报，说我方的两名被监禁的船员已经被赦免了，这表明他们在向我们示好。"

"苏联代表们表示他们愿意为英苏关系开启新篇章。你对护航队事

件的强硬态度令他们记忆犹新。今晚,莫洛托夫和他的同僚们在英国大使馆聚餐,这是多年来的第一次。米高扬是这些人的情报来源,今晚他在高谈阔论之中,尤其赞赏你在护航队复航事件中做出的贡献。"

"在这种友好的气氛中,我希望在会议结束之时能明示我方的诚意。据我所知,他们希望能够获得一部分的意大利舰队,如果我对此加以肯定,他们肯定会受宠若惊,即使只获得少量船只也会令他们心满意足。我国大使和哈里曼对这个观点表示完全赞同。苏联政府要求分得一部分意大利舰艇,虽然我在离开之前无法给出明确答复,但至少要让莫洛托夫知道我们在原则上同意这个提案,他们提出的要求合情合理。这样将有利于我接下来与苏方的交涉。关于运输日期等具体问题,我们可以慢慢斟酌。如果你能帮我在内阁通过这一决议,接下来的局面不仅仅会印证你的想法,更会有意想不到的收获。我请求你的支援。"

10月29日,内阁对意大利舰艇一事做出决策,我将结果发给艾登。

首相致外交大臣:

……原则上,我们承认苏联有权分得一部分意大利舰艇。但是,我们早已策划将这些舰艇用于抗日战争,战争后期天气渐趋炎热,所以我们已经计划在"利特里奥"号及其他船只上配备装置以适应热带气候。如果苏联想在太平洋上部署一支分舰队,此事事关重大,我们将于下次会面时再详谈……

目前我们只能在阿尔汉格尔斯克和摩尔曼斯克两地将舰只移交给苏联,意大利战船不适宜在大西洋作战,而且他们在上战场前还需要在海军工厂中进行为期数月的修整和维护。另外,如果立即将舰只移交给苏联,可能会对我们与意大利的合作产生负面影响,应三思而后行。首先,我们需要意大利在海上与德军为敌,而且此时意大利在塔兰托的海军工厂

与我们有一些重要的合作，因此我们不希望意大利被此事激怒，进而终止与我方的合作。当他们得知自己失而复得的船只要被移交到别国的海员手中时，说不定他们会一怒之下凿沉一部分船只。目前他们在各个方面都在为我们提供支援。意大利潜艇正把物资输送到莱罗斯岛，仅有的七艘完好无损的意大利驱逐舰正护送地方护航队，巡航舰也在装运军队和军需物资。因此，若不能有效地应对这些负面影响，就一定要全面封锁消息。一旦我们开始"瓜分"意大利舰队，法国人、南斯拉夫人和希腊人也会理直气壮地要求分一杯羹。

由于上述这些理由，我们最好暂时搁置这个问题，等到"尤里卡"（德黑兰）会议时再谈。

我们确实缴获了一些意大利商船，但是实际的吨位却无法满足沦陷区域和意大利领土的基本需求，而且其中大部分意大利船只能作为地方性交通运输用途，所以实际上我们是"自身难保"。

赫尔先生向他的政府提出了这个请求吗？我们必须要在这个问题上达成一致。如果"尤里卡"会议能够如期举行，我希望能在会议上探讨上述所有问题。

当天，我再次致电外交大臣：

1. 如果美国方面同意这一请求，你可以告诉莫洛托夫，原则上我们同意苏联政府分得一部分夺取的意大利舰只，他们要求的数量也合情合理。我猜他们想要的不是一艘"利特里奥"式的战列舰。在商议移交日期和其他具体事项时，要结合军事行动来综合考量。为了避免失去意大利人的支援，我们必须全面封锁消息。我们希望尽力配合对日作战，在战场上使用最新型的舰只，苏联人也一定能理解这一点。我们认为英国在战后也应该分得两艘"利特里奥"式的舰只，原因如下：（1）英国在整个对意作战中充当主力军；（2）英国海军的主力舰在战争中损失惨重；（3）此前英国议会已经批准了建造战列舰的长期计划，但为了全力满足目前的战争物资需求，我们已经中止了该计划。

2. 以下内容属高度机密，仅供你个人参考，这是一个设想：假设希特勒倒台之后，苏联想一同参与对日作战，那我们将大有作为，其中一部分计划是在我军太平洋基地组建一支由苏联海军组成的由苏联领导的精英海军部队，他们将在战争后期加入战斗。在这封电报前半段的内容中，我对某些问题做出了肯定回答，希望能帮助你解决问题。

1943 年 10 月 29 日

* * *

在即将进行的三国首脑会议中，德国战犯问题是一个重要议题，我起草了一份宣言，作为讨论的基础。

首相致罗斯福总统和斯大林元帅：

请考虑下列文件，是否可以由我们三人签署并发表：

希特勒军队曾对多个国家进行肆意蹂躏，现在他们大势已去，正逐步被驱赶出境。英国、美国和苏联（排名不分先后）已从各个渠道对纳粹集团在这些国家曾实施的杀戮、残酷的集体死刑等暴行进行取证。纳粹集团的专制统治臭名昭著，这个穷凶极恶的政府利用恐怖手段实施统治，使多国人民和领地都遭受了最无情的凌辱。眼下，节节败退的希特勒匪徒和德国鬼子在绝望中变本加厉，更加残酷地实施暴行。所幸盟军正加速向这些国家行进，势必要救他们于水火之中。

综上所述，三大盟国代表三十二个联合国家的利益，发表郑重声明，并以此告诫天下：

此前不管以何种形式成立的德国政府，在这个政府实行停战期间，凡是负责或自愿参与上述暴行、杀戮或执行死刑的德国军官，以及纳粹党徒和所有相关的人，都将被押送回他们曾经犯下滔天罪行的国家，根据这些自由国家以及即将成立的自由政府的法律给予审判和处罚。编制这些犯罪人员的名单时，应根据所有受害国的详细记录来完成，特别是苏联的被占领区、波兰、捷克斯洛伐克、南斯拉夫、希腊（包括克里特岛和其他岛屿）、挪威、丹麦、荷兰、比利时、卢森堡、法国和意大利。凡是犯下以下罪行的德国人：参与大批枪杀意大利军官；处死法国、荷兰、比利时或挪威的人质以及克里特的农民；杀戮波兰人民或现在敌人正被肃清的苏联领土内的人民，应当明白，我们会不惜任何代价把他们押回犯罪现场，并由当时遭受过迫害的人民对他们进行判决。让那些明哲保身，并未滥杀无辜的人警醒，切勿与罪犯狼狈为奸，否则，三大盟国一定会穷追不舍，让他们罪有应得。

以上宣言同样适用于主要犯罪元凶，他们所犯下的罪行不止限于特定的地区。

罗斯福　斯大林　丘吉尔
1943 年 10 月 12 日

如果这一宣言或类似文件（我不擅长咬文嚼字）署上我们三人的大名，我相信会令这些堪比屠夫的恶棍惶恐不安，因为他们知道自己大难临头了。过去，我们曾经扬言要对在波兰作恶多端的德国人实施报复。结果这些罪犯果然收敛不少，极大地减轻了波兰人民遭受的痛苦。敌军使用恐怖武器确实为我军制造了不少的麻烦。但是，这些德国人如果知道他们将被押送回犯罪地点接受当地人民的审判，应该会心生畏惧。因此我竭力推荐就地审判原则，它将有效遏制敌人的恐怖行为。英国内阁对这个原则和政策也表示支持。

经过文字上的略微改动之后，三方签署了这一宣言。

* * *

三国外长每日举行常规会议，会议内容覆盖广泛。三方达成一致后，秘密起草了一份协议书。文件的主要内容是立即在伦敦成立一个新的合作机构——欧洲顾问委员会，主要负责处理希特勒政权即将垮台之际，德国和欧洲可能出现的一系列问题。正是这个机构将德国划分为若干占领区，导致后患无穷，详情将另作叙述。会议决定另设一个咨询委员会处理意大利事务，苏联也将派出一名代表参与其中。三国互相交换各自接收到的由轴心国的卫星国发出的和平试探。美方希望在莫斯科会议上签署一份包括中国在内的《四国宣言》，承诺四国在战争时期一致对外，"抗击它们共同的敌人——轴心国"。《四国宣言》于 10 月 30 日签署。最后，艾登起草了一份关于英苏对土耳其采取联合行动的协议，并于 11 月 2 日签署。

我们对会议的成果非常满意，因为这次会议不仅缓和了三国的紧张关系，也对未来的合作做出实质的规划，为三个主要盟国的政府首脑会议早日举办打下了基础，也打破了我们与苏联之间日益加剧的僵局。

不管是在会上还是会下，与会者们都感受到前所未有的友好氛围，苏联政府委托本国首屈一指的画家将此次会议实况绘制成画，并为英美代表团各成员进行了初步的素描。关于这幅画并没有下文，我至今也未能一睹真容。

第八章

EIGHT

任命最高统帅

　　为"霸王"行动确认司令官一事迫在眉睫——我们认为马歇尔是最佳人选——我与罗斯福总统的书信来往——总统犹豫不决——召开三国首脑会议的必要性——三国在会议地点一事上各执己见——斯大林执意选址德黑兰——罗斯福大失所望——他声称无法逃避宪法义务——我设法安排英美进行初步讨论——他提出让苏联也参加预备会议——我反对这个提议——同意召开会议

　　我们急需为"霸王"行动（1944年横跨英吉利海峡进攻欧洲本土的计划）任命一位最高统帅。当然，这个问题不仅直接决定谁将在战场上发号施令，也会引发许多重大而敏感的人事问题。此前我曾授意布鲁克将军担此大任。随后在魁北克会议上，我同罗斯福总统形成一致意见，认为"霸王"行动应该由一位美国将领来统率，我也将这一消息告诉了布鲁克将军。罗斯福总统透露他准备任命马歇尔将军，这正合我意。然而，在魁北克会议和开罗会议的间歇期，我意识到，罗斯福总统并没有下定决心任命马歇尔。而这个重大问题若没有定论，就无法部署下一步的工作。与此同时，美国新闻界谣言四起，想必在伦敦的议会上也会掀起不小的风波。海军上将李海在他的著作中提到美国人对这一事件莫衷一是。他写道："公众猜想罗斯福会任命马歇尔为最高指挥官，而新闻界却发出强烈的反对声音。有人戏谑马歇尔'明升暗降'；有人说罗斯福即将让位高权重的马歇尔变得人微言轻；还有人说这是一个设计马歇尔的圈套。而与之截然不同的观点是，据报道，美国参谋长联席会议认为最高司令官确实是一门好差事，他们对这一职位也垂涎三尺。"

我们详细地讨论了这个问题。在维护美国参谋长联席会议及英美联合参谋长委员会的权威的前提下，我竭力从方方面面阐述马歇尔将军发挥的作用。9月底，我发电报将这个想法告知霍普金斯。

首相致哈里·霍普金斯先生：

　　关于马歇尔成为西方军队最高统帅这一问题，新闻界众说纷纭。我在与罗斯福的谈话中了解到，他将负责"霸王'行动的指挥作战。然而，他并不仅仅在战场上发号施令，他也有权和我们一样统揽全局，充分了解对德作战的形势。迪尔在华盛顿的联合三军参谋长委员会中可统观战局，马歇尔也扮演着同样的角色。我们的参谋长很乐意与马歇尔进行交流，向他提供整个战局的情报。但是，有一点必须要明确，我们的参谋长将非常频密地举行内部会议，从英国的利益出发，探讨我们的立场，这与贵国的做法如出一辙。马歇尔无须参与"霸王"行动以外的其他决策。我们所有的联合军事行动和全球策略，必须由华盛顿英美联合参谋长委员会统筹，他们又直接听命于各自的政府首脑。你是否认同这种做法？我洗耳恭听。

　　　　　　　　　　　　　　　　　　1943 年 9 月 26 日

几天后，我直接致电罗斯福总统。

前海军人员致罗斯福总统：

　　1. 最高指挥部的重大人事变更问题受到舆论的冲击，这令我提心吊胆。我们至今都没有下定论，但是每天都有一些美国人捏造有关马歇尔的言论，而且在星期二（12 日）召开的议会会议中，我一定会被问及关于最高统帅的问题。此外，如果只宣布亚历山大继任地中海的最高统帅，而不揭晓马歇尔出任驻英国最高统帅一事，我的处境将变得很难堪。现在已经谣言四起，今天报刊上引述史汀生所说的那些谨小慎微的话，更是煽风点火，营造了一种刻意隐瞒事实的神秘感，让那些居心不良的人更加兴风作浪。然而，只要我们做出明确的决定并将其公之于众，一切谣言自会烟消云散。我希望你无论如何要设法安排我们同时公布这两项人事变动，并且说明只要军情允许，这些声明立刻生效。

2. 此外，与之相关的一些任命会给我造成麻烦，请你也一并考虑。比如说，我了解到，马歇尔希望蒙哥马利出任副指挥官，实际上就是在他的带领下指挥"霸王"作战计划中英国的远征军。这样一来，我就必须要将现任的本土指挥官佩吉特将军撤换下来。眼下正好有个契机可以解决这个问题。波纳尔将军原本担任伊拉克及波斯战区总指挥官一职，现将随蒙巴顿将军前往印度出任参谋长，这样一来，我就可以把佩吉特安插在伊拉克和波斯战区。如果让这些指挥官的职位长期空缺，不仅会令我为难，也不利于战争的发展。

3. 一些美国报纸似乎开始猛烈抨击蒙巴顿，美国电讯将他描述为"英国的太子党和花花公子"，说"他将久经沙场的老将麦克阿瑟挤对下来了"，或是其他类似的挑拨离间的话。这些争论突显了印度战场指挥权的重要性，日本人无疑会增强那个战区的兵力，最近的情报也印证了这一点。据说，大批战地记者听到不久后即将开战的传闻，正筹备或已经从美国赶赴德里。而实际上，因为洪水与雨季，我们今年不会开展任何重要行动。但是，一旦我们将此公诸于众，日本就会如释重负。我不希望看到一大群记者将德里挤得水泄不通，争相报道各种小道消息。如果能平息这些争议，控制德里的舆论走向，将会增加我们取胜的机会。

4. 鉴于此，我认为应该将我们对各个战场的将领委任一并公开，包括指挥官、他们的参谋长、一至两个主要军官。如果你同意，我可以起草一份相关声明给你过目。

1943 年 10 月 1 日

罗斯福总统回复说：

罗斯福总统致首相：

　　美国新闻界的赫斯特、麦考密克等人首先掀起风波，在马歇尔的任职问题上借题发挥，其他报刊也紧跟着兴风作浪了几天，现在已经消停了。如果我们因此就公开发表声明，宣布我们的军事指挥决定，显然我们已经受媒体摆布，他们俨然是战争的决策者。因此，在时机成熟之前，我希望我们对此保持缄默。或许今后由于形势所迫（绝非因为受到政敌的攻击），我们要提前公布联合声明，但是此刻，我强烈要求我们对此保持缄默。你说我们必须择日共同发布一项有关指挥官问题的声明，我对此表示赞同，而且我完全理解你的处境，任命全球各战区的副指挥官确实是一件令人头疼的事情，但不能因此就仓促公布任命马歇尔的重大决定。

　　我知道美国的一些新闻媒体对蒙巴顿出言不逊，尽管他并没有受到什么伤害，但我会全力维护他。当然，美国民众的舆论完全支持任命他。我同意你的说法，我们不应该让国内外的舆论对这次（缅甸）战役过分乐观。然而，正如大家所见，无论任命他担任什么职务，蒙巴顿都会竭尽所能、全力以赴。

　　我殷切希望你同意暂缓发表任命马歇尔的声明。

1943 年 10 月 5 日

　　美国迟迟未做出决定令我左右为难，于是 10 月 17 日，我致电罗斯福总统："我认为现在必须对最高军事指挥一事做出决定。除非德国现在不战而败，否则 1944 年战役的危险程度将超越以往所有的军事行动。我个人认为，对比 1941 年、1942 年或 1943 年的战役，这次战役成功的概率最低。"

　　约两个星期后我才收到回信，结果仍然是不确定。

罗斯福总统致首相：

　　在任命指挥官之前，"霸王"行动的任何准备工作都无法取得进展。如你所知，我不能立即任命马歇尔，但我又希望一切工作能够参照"四分仪"会议上制订的时间表按部就班地进行，在5月1日如期展开"霸王"行动。我建议你考虑先行任命"霸王"战役的英国方面的副总指挥官，他的职权与即将上任的马歇尔相当，这样一来，他就可以名正言顺地推动"霸王"行动的进展。如果由我提名，我认为迪尔、波特尔，或布鲁克是副总指挥官的合适人选。

1943年10月30日

＊　　＊　　＊

　　直到11月初，我们才意识到罗斯福总统和他的顾问们心中的如意算盘是让"霸王"行动的最高司令官同时兼任地中海的指挥官，罗斯福希望马歇尔一人统领两个战场，估计他将坐镇直布罗陀司令部，并隔空发号施令主导另外一个战场。我觉得我们必须立刻声明英国的立场。但目前我和罗斯福总统不宜对这一事件直接交换意见，所以我交代陆军元帅约翰·迪尔爵士和美国参谋长联席会议主席李海海军上将商谈此事。

首相致迪尔陆军元帅（在华盛顿）：

　　你可以直言不讳地告知李海海军上将，我们绝对不同意这名美国总司令手上同时握有"霸王"行动和地中海战役的最高指挥权。英美以平等原则缔结成伟大盟国，如今的这种安排违背了我们的初衷。我不同意将两个指挥部合二为一，由一个司令官来统领，因为这会把他置于英美联合参谋长委员会之上，也会动摇美国总统（作为美国总司令）和英国首相（作为战时内阁之代表）依法调度军队的权力。我绝不会为这样的决策承担后果。在突尼斯、西西里岛和意大利战役中，我们在美国将领的带领下赤胆忠心地全力杀敌，但我们和敌军的伤亡对比却一直高居十比四的比例。关于这一点，我们在国内一直力排众议，维护我们的盟友。但如果现在我再提出类似上述建议，国内一定会掀起轩然大波。不过在我任职期间，我确保不会发生这样的情况。你可以视情况而定，将以上情况有选择性地告知霍普金斯先生。

1943 年 11 月 8 日

第二天，迪尔见到了李海，明确地向他转达了我对于合并"霸王"战役和地中海指挥权的态度。李海虽然感到很失望，但是也只能无奈地接受，他说："如果首相确实是这样想的，我也无话可说。"迪尔也与霍普金斯见面了，他听闻此事后也和李海一样大失所望。"不管怎样，"迪尔说，"霍普金斯和李海已经意识到你态度强硬，我希望他们不要再为游说你而大费周章了。"

我在前文提到过，我在魁北克会议期间曾造访美国参议院、白宫和海德公园，随后返回英国。一回到国内，我就立即开始筹备英美会谈之后必然要召开的三国首脑会议。各国从原则上都认可这次会议的必要性和迫切性。但若不是置身其中，谁都无法体会策划这次所谓的"三巨头"的首次会面耗费了多少心力，需要解决多少难题，其中包括确定会议的时间、地点以及各方面的条件。我把事情的来龙去脉都记录了下来，因为它本身就足以构成一个外交传奇。

我首先亲笔写信给斯大林，我知道他赞同将德黑兰设为会议地点。

首相致斯大林元帅：

1. 我反复考虑在德黑兰召开政府首脑会议一事。这个地区治安管制不到位，为保安全，我们必须全力戒备。因此，我向你提议，我在开罗筹备食宿及安全方面的工作。因为世上没有不透风的墙，即使我们采取最严格的保密措施，这些筹备工作还是会引起关注。然后，会议开始前的两三天，我们在德黑兰选取一个合适的地点（包括机场在内），派英、苏各一旅驻守，保持绝对的警戒圈，直到会谈结束为止。这样，我们就用障眼法成功避开了各国媒体，也将蒙蔽那些不怀好意、不拥戴我们的人。

2. 另外，我建议使用"开罗三"这个代号，而不是"德黑兰"，因为绝不能透露这个地点。此外，建议将这次会议的代码定为"尤里卡（Eureka）"，这个词应该是古希腊文。如果你另有高见，我洗耳恭听，然后一并提交给罗斯福总统参考。至今我还没有同他讨论过这方面的问题。

1943 年 9 月 25 日

斯大林的答复坦诚而积极。

斯大林元帅致丘吉尔首相：

我不反对你在开罗展开虚假的筹备工作以蒙蔽敌人。但是，你提议会议前几天在"开罗三"区域内部署英、苏部队，我认为这不是明智之举。因为这会引起不必要的轰动，会议的一切准备工作也欲盖弥彰。我建议每人随身携带一定数量的警卫人员，这样足以确保我们各自的安全……

1943 年 10 月 3 日

而事实上，与会期间我们出动了军队和警察，拉起了严密的警戒线。其中最大张旗鼓的是苏联，兵力竟达数千人。

*   *   *

我不确定罗斯福总统的安全顾问是否同意他前往德黑兰赴会，因此我提出了另外几个地点供他参考。其中一个地点是哈巴尼亚的空军教练学校附近的一个沙漠露营地，它在 1941 年曾经历过一次光辉的保卫战。在此，我们绝对不受外界干扰，也无须担忧安保问题。罗斯福总统从开罗飞往此地只需短短几小时。所以我致电向他提出这个方案。

前海军人员致罗斯福总统：

　　关于"尤里卡"，我有个新点子，我已经让身处莫斯科的艾登去试探斯大林的口风，如果他同意，我立刻通知你。有一个名为"哈巴尼亚"的沙漠地区，我暂且为它起了一个代号——"塞浦路斯"。这个地点比"开罗三"更方便你来往，对斯大林来说，路程只是稍微远一点。我们只要就地支起帐篷，就可以搭建一个绝对隐秘和安全的空间。若我们三人都认可这一提议，我再为你们讲解具体的情况。请看《圣经》中《马太福音》第十七章第四节。

1943 年 10 月 14 日

罗斯福总统致丘吉尔首相：

　　我已经把下列电报发送给了斯大林，我认为你的主意非常不错。彼得还真的得到了耶稣的感召，激发了灵感。我很赞赏"三个帐篷"之说。

　　"由于德黑兰一事，我已经被推往风口浪尖。所以我觉得必须向你们坦诚地说明我的立场：我无法前往德黑兰，因为我接下来要处理一系列宪法问题。美国国会会议即将召开，我必须签署最新通过的法案和决议，并且在十天内务必要将这些文件交还国会，这些事务都不能通过无线电或电报来完成。德黑兰远在千里之外，一旦我赶赴此地，就无法履行宪法规定的职责。而且东往西来，飞越崇山峻岭，时间上的延误在所难免。根据我们以往的经验，无论往返，都要耽搁至少三四天……

　　"开罗从各方面来说都颇具吸引力，而且我知道在金字塔

附近有一间旅馆和几座别墅，它们非常的隐秘和安全。

"阿斯马拉是原意大利属地厄立特里亚的首都。据说此地有多处上等建筑，还有一个全天运营的飞机场。

"还可以在地中海东部海岸的一些港口召开会议，到时我们每人配一艘轮船……或者在巴格达附近……

"不管怎样，我认为应该将媒体拒之门外，会场要拉起警戒线，确保我们不受任何干扰。

"我高度重视此次会面，你、丘吉尔和我之间的亲密会谈将很大程度上决定未来世界的命运。你们在前线各方持续掌握作战主动权，真是大快人心。"

1943 年 10 月 15 日

首相致罗斯福总统：

我完全同意你发给斯大林关于"尤里卡"的电文内容。请告知我他的答复。

1943 年 10 月 16 日

可是，斯大林仍然坚持将德黑兰设为会议地点。

罗斯福总统致首相：

昨天晚上，我收到了斯大林的复电，内容是："……非常遗憾，你提议用来替换德黑兰的会址对我来说都不合适。今年苏联军队在夏秋两季的战况足以表明，这一场战事将从夏季延续到冬季，我们的军队可以继续保持攻势，对抗德军。我的同僚都一致认为我要亲自与司令部进行对话，每日对最高指挥部发出指令，确保战事顺利。相比之下，德黑兰的条件更优越些，因为那里有直通莫斯科的无线电或电话，这是其他会址无法提供的。为此，我的同僚们坚持把德黑兰选为会址。

"我赞成你把会议日期暂定为 11 月 20 日或者 25 日，我也认为应该拒绝对媒体开放。赫尔先生已安全抵达莫斯科，如果他亲自参加会议，莫斯科会议将取得实质性的进展。"

1943 年 10 月 21 日

罗斯福总统回复道：

今天我收到了你发来的电报，其中谈到此次会议问题，我感到非常失望。你说你需要每日对最高指挥部做出指示，以及亲自与指挥部取得联系，才能取得今天的战绩，这些都情有可原，我可以理解。

我希望你能理解我的立场。美国政府实行宪法制度，在这个体制内我必须履行我的职责。美国宪法规定：国会通过一项新的立法之后，总统必须在十天内对其做出回应。这就意味着在此期间总统必须接收文件，经过书面批准或否决后将文件交还给国会。我已经跟你解释过，这些事务都无法通过电报和无线电来处理。我认为德黑兰并不理想，原因是这两地之间遍布崇山峻岭，飞行过程困难重重，往往会耽搁几日。这样一来，无论是从华盛顿将立法文件空运送往德黑兰，还是将签署好的文件从德黑兰空运回华盛顿，都面临着极大的风险。我很遗憾地告诉你，身为一国之首，我不能离开岗位，将宪法赋予我的义务置之脑后。如果通过飞行接力续航将文件空运至地势低洼的国家，包括波斯湾在内的平原地带，飞行的风险还是可控的。但是，若飞机往返飞越群山，出入德黑兰所位于的盆地地区，我无法承担由此造成的延误。所以，非常遗憾地告诉你，我无法前往德黑兰，对此，美国政府成员和立法机构领导人与我的意见完全一致。

罗斯福总统建议以巴士拉为会议地点。

无论如何，我不会为了参加一个会议从美国飞行六千英里前往德黑兰，而你从苏联赴会只需飞行六百英里。对于这个有着一百五十年历史的立宪政府，我有不可推卸的责任，否则即使是十倍的路程，我也愿意前去与你会面……请你谨记，我肩负着服务美国政府的重大责任，也有义务确保美国全力作战。

正如我此前所说，我高度认可三国首脑会议的重要性，它不仅对当代的人民很重要，也将影响未来几代人在和平年代的福祉。如果几百英里的路程竟成为你、我和丘吉尔未能会晤的理由，对于子孙后代来说，将是莫大的悲哀。

艾登先生现在仍逗留在莫斯科，他想方设法让斯大林想出一个能让罗斯福总统也满意的与会地点和日期。但斯大林心意已决，坚持选择德黑兰。此时，虽然我并无把握能够说服罗斯福，但我已经开始考虑策划此次会议了。

我开始思考这次会议的几大重要问题。我认为，目前最重要的是，英美参谋长以及作为他们上司的我和罗斯福总统应该就"霸王"战役的策略及其对地中海战役的影响初步取得一致意见。我们两国的所有海外武装力量都要参与这次战役，在"霸王"战役开始之初，英国军队是驻意大利美军的两倍，是地中海其他地区的美军数量的三倍。当然，在邀请苏联政治代表或军事代表加入我们的行列之前，我们之间应该首先达成一些共识。

因此，我向罗斯福总统提出了上述计划。

罗斯福总统致首相：

1. ……此次莫斯科会议结束后，我们应该预留充足的时间来分析此次会议的结果以及充分考虑下一次会议的议题。莫斯科会议还未结束，我们还没对其结果进行透彻的研究，就急于筹划下一次会议，恐怕会在苏联引起不良影响。

2. 联合计划团队目前正在筹划全面攻占日本。这个计划必须在会议召开之前完成，以便双方参谋长有时间对其进行研究。

3. 艾森豪威尔和太平洋战区的统帅提出的计划纲要，经魁北克会议批准后将于 11 月 1 日呈交，我们在参加联合会议之前应该参考一下这些计划……

1943 年 10 月 22 日

由此看来，罗斯福总统似乎赞成这个提议，但对于时间安排不太满意。美国政府内部正风起云涌，其中一种主流声音似乎是想要摒弃英美之间的战友联盟以赢取苏联的信任。因此，我重申我的观点：目前最为重要的是，我们在同苏方会面之前，应该对"霸王"作战计划和最高统帅等突出问题达成统一、明确的意见。

前海军人员致罗斯福总统：

1. 如果在苏军没有参战的情况下，英美能够并肩作战，成功开展 1944 年的大规模作战，也就不必劳烦苏联人。而且，如果英美不能就作战配合等问题取得一致，我认为我们也不必去和斯大林举行会谈。

2. 如果你的参谋人员最早能在 11 月 15 日到会，我将感到很满意。我认为，在你我抵达之前，我们的参谋人员可以共事几天。我们则大概在 18 日或 19 日抵达，随后我们可以一同前往"尤里卡"。至今我还未确认会议日期到底是 11 月 20 日还是 11 月 25 日。"尤里卡"会议可能最多持续三四天，出席的技术人员应该也不会很多。

3. 自魁北克会议掀开帷幕至 11 月 15 日，中间相差九十天。这九十天发生了一些重量级事件：墨索里尼倒台了；意大利投降了；意大利舰队为我所用；我们成功攻占意大利；现在正进军罗马，有望取得胜利。德国人正在意大利和波河

流域集结至少二十五个师。以上是最新情况。

4. ……英美互相让步，消除分歧，最终确定了"霸王"作战计划的执行日期。不过，无论是在意大利集结的军队，还是为5月"霸王"作战计划筹集的兵力，他们是否足以应付其面临的任务仍受到质疑。

5. 英国参谋长委员会、我的同僚和我本人都认为我们需要重新审视目前的形势，而且有必要将这两个战场的指挥官确定下来，让他们也参与讨论。为了执行魁北克会议的决定，我们准备将目前驻扎在西西里岛的两个最精锐的师——第五十师和第五十一师调往伦敦，这样一来，尽管曾经近在咫尺，他们也无法参与意大利战役了。在未来的七个月，除非有特殊情况，否则他们都不能参战了。11月初，我们决定把登陆艇从地中海调回来参加"霸王"行动。这个决定将对地中海战役产生重大冲击，但对其他战区暂且没有影响。我们忠于魁北克会议的决议，但战争局势瞬息万变，我们不应该如此刻板地解读这个决议，而应随着形势的变化做出调整。

6. 如果我们1944年的作战策略出现了重大错误，希特勒就可能获得东山再起的机会。据说有人偷听到德国战俘冯·托马将军说："如果他们选取的进攻地点有利于我陆军作战，那我们就有望取胜了，这是我们唯一的希望。"这一切都表明我们必须在军事部署中深谋远虑、高瞻远瞩，让两个战场之间在时间上精准地配合，尽最大力量集结部队配合这两次战役，尤其是"霸王"行动。以现有的条件，我相信我们有能力成功登陆和展开军事部署。然而，令我深感忧虑的是部队集结的问题，以及第十三天至第十六天的局势变化。有一点可以肯定，对于大批美国人员进入英国的问题，以及作战部队的组成问题，都需要"霸王"行动的指挥官进行深入研究。

我希望按照两国政府的意愿确认正副统帅的人选，然后才可以选出同样重要的二级指挥官。我再次声明，我认为马歇尔将军是最佳人选。如果由他来统率"霸王"行动，英国会竭尽所能，动用所有的人力物力来支援他。亲爱的朋友，此次军事行动规模空前巨大，但我们的筹备工作仍显不足，应进一步加强措施，确保这场战役的胜利。我感觉很迷茫，缺乏作战必备的进取心和行动力。所以我希望能尽快召开会议。

7. 艾森豪威尔和太平洋指挥官的任命计划将于11月1日提交，根据你对此提出的看法，我们确实有必要在11月15日之前召开会议。在你看来，联合计划人员需要多少时间制订攻打日本的长期全面作战计划？我们双方参谋长对这个计划进行充分研究又需要多少时间？我认为，上述我提到的紧急决定不应该因为这个长期抗日计划而耽误。当然，对日作战也应该争分夺秒，全力以赴。

8. 我希望你也充分认可召开此次英美会议的必要性。但在斯大林回复之前，我们无法做最后决定。如果无法召开德黑兰会议，那么，我们之间就更有必要就莫斯科外长会议的议题举行会谈。艾登预计在月底之前启程回国，我也做好准备在11月的第一个星期后随时动身。

9. 我很欣慰至今我们还控制着莱罗斯，我相信你也有同感。"狗也吃主人桌子上掉下来的碎渣儿。"①

1943 年 10 月 23 日

*　　　*　　　*

罗斯福总统在答复这项提议之前，发来下列电文，看来他还是不愿意接受德黑兰作为会议地点。

---

① 出自《马太福音》，意思是"要保持信心"。

罗斯福总统致首相：

    患上流感真是麻烦。麦金太尔建议我进行一次海上旅行。

    至今我还没有收到斯大林的回信。如果他冥顽不化，你我不妨携少量参谋人员在北非会面。会议接近尾声时，我们再邀请蒋介石加入，三方再一起商议两三天，你觉得如何？苏联方面，我们就提出让斯大林委派莫洛托夫前来赴会。我方人员提议将会议日期定为 11 月 20 日。

1943 年 10 月 25 日

两天后，他发来电报，对我提出的联合参谋长委员会预备会议发表了看法。

罗斯福总统致首相：

    目前的莫斯科会议，确实为英、苏、美三国的合作开启了新篇章，这将加速希特勒的灭亡。

1943 年 10 月 27 日

他建议把如下电文发送给斯大林：

    此前，我们已经将英美联合军事参谋会议的结果都告知于你。你觉得最好能派一位苏联军事代表出席，听取有关英美作战的讨论，并记录所做的决定。他将按照你的意愿发表意见或提出建议。这项安排可以使你和你的参谋部深入了解会议内容，及时汇报会议进展……

让苏联人参加这样一次会议，这个提议不免令我震惊。

前海军人员致罗斯福总统：

    1. 莫斯科会议进展顺利，我和你一样，也欣喜万分。我

非常希望我们能将"尤里卡"会议也安排妥当。

2. 关于邀请苏联军事代表参加我们联合参谋长会议的建议，我表示反对。除非他精通英语，否则延误会议进展他可担当不起。据我所知，苏联陆军高官之中，没有一位能用英语进行交流。这样的一位代表，除了根据上级的指示发言，自己完全没有发言权。他参与这个会议的目的只有一个：怂恿我们早日开辟第二战场，并阻碍我们讨论其他议题。苏联从不向我们透露本国的军事动向，那我们也不应该对他们开诚布公。否则，他们很可能会派遣代表参与今后你我之间的一切会谈，那我们之间的一切讨论都将陷入瘫痪。我们马上要在意大利部署六七十万的英美军队和空军人员，而且我们也正在策划庞大的"霸王"行动。在所有的这些作战计划中，苏联军队丝毫没有参与其中。而从另一方面来说，这些作战计划将决定我们的前途和命运。

在我看来，英美双方会面，商讨各自调兵遣将的问题，这是我们最基本也是最重要的权利。虽然至今为止，我们无往不利，但我却预感 1944 年将危机四伏。我们之间可能会产生巨大的分歧，也可能会误入歧途。我们可能会像以往一样互相让步，但仍然消除不了分歧，最后鸡飞蛋打。目前我们唯一可以依靠的就是你我之间以及两国高级参谋人员之间建立起来的亲密友谊。如果连这一份信任都破坏了，那我们很快就会分道扬镳了……无须我说明，你也应该可以猜到英国参谋长们完全认同这种看法。我必须补充一点，比起以往我所参与的任何军事行动，1944 年的战役最令我感到担忧。

1943 年 10 月 27 日

* * *

对于是否前往德黑兰一事，罗斯福总统仍然没有拿定主意。美国政界向他施加了巨大的压力，认为他不应该凌驾于宪法之上。我完全理解他的难处。

首相致罗斯福总统：

　　我将按照你的提议，于20日开赴罗马与你会晤。英国是埃及的主权国，如果你同意，我们将尽地主之谊，负责安排一切安全事项及食宿问题。凯西租了一套别墅，我亲自参观过，确实环境优美，从各方面来说都很适合你居住。此地距离金字塔约两英里，四周环绕着绿荫，绝对隐秘。从机场驾车约二十分钟可到达此处，而且无须路过城镇。英国军队可以轻松地在整片区域拉起警戒线，实施保卫。而且，我们还可以结伴组织几次有意思的短途沙漠旅行。凯西一定会非常乐意把别墅腾出来给你暂住。而我自己可能就住在开罗的英国领事馆，大约二十分钟路程。也有另一种方案，就是安排我们二人都住在金字塔区域。我相信美方的柯克先生也有一处不错的住所。开罗完全有条件为全体与会人员提供食宿和会议设施，也可以按照你的吩咐随时安排这些工作人员前往你的别墅。我对这个计划了如指掌，所以我觉得是目前最理想的方案，如果你也认可，那我立即开始筹备，或许你也可以派一名长官前来，按照你的喜好安排各种事项。

1943 年 10 月 30 日

此时，我们的计划已经开始成形。

罗斯福总统致首相：

　　赫尔已经离开了莫斯科，这意味着他在回国途中要耽误两天的时间。我在离开之前一定要亲自见他一面，你应该能理解这件事的紧迫性。我原本打算在北非逗留三天再前往开罗，不过，我也可以在返程的途中处理北非和意大利的事务。

所以，我希望在抵达港口之后，直接搭乘专机飞往开罗，按原计划于 20 日抵达。但如果天公不作美，我可能要 22 日才能到达开罗。我应该会乘船前往奥兰。

非常感谢你在开罗为我们安排的一切，我们欣然接受。如果那里发生了突发事件，我们也可以在亚历山大港会面，参谋人员住在岸边，我们则住在各自的军舰上。

我正致电蒋介石，让他赶赴开罗，于 11 月 25 日在开罗附近与我们会面。

1943 年 10 月 31 日

首相致罗斯福总统：

我们将于 20 日完成"六分仪"行动①的所有准备工作，沃登上校将在约好的地点等候 Q 海军上将（罗斯福总统）。参谋人员的食宿问题已经解决。

1943 年 10 月 31 日

艾登告诉我说，没有人能够改变斯大林的主意，他坚持要在德黑兰会晤。因此，为了使会议能够顺利召开，我尽力克服一切困难。

首相致伊斯梅将军（在莫斯科）：

据说，"三巨头"会议之所以不能在"开罗三"（德黑兰）召开，是因为开罗与"开罗三"之间遍布崇山峻岭，不利于飞行，一旦飞行中断，Q 海军上将（罗斯福总统）将不能在宪法规定的期限内收到公文。请查清楚当地的天气状况，并且告知我德黑兰到叙利亚之间是否通路，以及汽车在两地之间传送文件耗时多久，因为文件一旦送抵山地南面即可由飞机接应。如果我们能向 Q 海军上将证实文件传输过程不会

---

① 为英、美、中三国会议的密码代号。

出现延误，也许我们就可以按原计划行事了。

1943 年 11 月 1 日

事到如今，我只能尝试最后一个权宜之计，即两国参谋人员首先在马耳他岛进行为期四天的初步会谈，然后罗斯福总统和我再搭乘各自的军舰赶赴奥兰进行会面。然而，这个想法也被罗斯福总统否决了，但他决定采取我的建议搭乘军舰启程。我间接地获悉，罗斯福总统同时还邀请了莫洛托夫前往开罗。因此，我向罗斯福总统发了如下电报：

首相致罗斯福总统：

1. 看来你我之间产生了一个可怕的误会。从你的电文来看，我以为在苏联代表和中方代表参会之前，英美参谋人员会召开多次会谈。但是，我刚从克拉克·克尔大使那里了解到，美国驻莫斯科大使于 11 月 9 日将你的口信转达给斯大林，邀请莫洛托夫先生携同一名军事代表于 11 月 22 日前往开罗。但 22 日是会议的第一天。事已至此，我请求推迟莫洛托夫先生和他的军事代表的到会日期，这个日期不能早于 11 月 25 日。

2. 克拉克·克尔大使告诉我，你打算于 11 月 26 日前往德黑兰，我非常高兴，但我倒更希望你能亲口告诉我这个好消息。

1943 年 11 月 11 日

我希望整个议程分三个步骤进行：第一，英美在开罗达成广泛共识；第二，在德黑兰召开三国政府首脑会议；第三，回到开罗，就迫在眉睫的印度战场和印度洋战争等纯属英美范畴的议题进行讨论。时间紧迫，我希望在会谈中，我们能紧扣关乎整个战局的重大问题，进行初步表态，而不应该本末倒置，在相对次要的问题上消耗太多时间。

11 日我写信给斯大林："三方想通过通信的方式来解决问题是很

困难的，尤其当我们在海上或空中航行的时候更是如此。"幸运的是，有些困难自行消失了。

罗斯福总统致首相：

　　我刚刚听说斯大林将前往德黑兰……我立刻致电，告诉他我已经将相关宪法事务安排妥当，因此，我也很高兴可以赶赴德黑兰与他进行短暂会面。其实当时我也不确定他是否会恪守诺言前往德黑兰，但他的一封回电打消了我的疑虑，他做出了肯定的回复。现在可以肯定的是，你我将在 27 日至 30 日之间会面。好事多磨，终于皆大欢喜了。

　　如果斯大林觉得我们在军事行动上结成一伙来对付他，那他就大错特错了，我自始至终都是这么认为的，相信你也一样。如你所知，英美参谋长们在开罗预备会议中只是进行筹备工作，仅此而已。即使莫洛托夫带着他的军事代表一同出席，也无伤大雅。如果被拒，他们反而会觉得我们在刻意回避他们。反正他们并未派参谋人员和计划人员随行，我们就允许他们参加正式会议吧。

　　五个小时前，我才收到斯大林的回复，确定他即将前往德黑兰一事。现在已确定莫洛托夫和军事代表将在 27 日到 30 日期间与我们一同返回德黑兰，我们和斯大林谈话结束后，他们再随我们一起返回开罗，可能会在第一趟行程中增派一些军事人员护送莫洛托夫。

　　我们确实有必要按照这个计划来安排行程，而且你大可放心，一切都会按部就班地进行。我马上就要启程了。祝我们两人旅途愉快。

1943 年 11 月 12 日

首相致罗斯福总统：

　　1. 听说你安善处理了宪法事宜，会议也最终确定下来，我由衷地感到高兴，因为我们又迈出了一大步。

2. 但是，你对此次军事会谈所作出的安排，令三军参谋长们心神不安，我也百思不得其解。从你的电文来看，我当时的理解是在苏方和中方代表参加会议之前，英美参谋长委员会很有必要召开多次会议，就我们共同面临的一些重大问题进行磋商。你我在会见斯大林之前可以先与莫洛托夫进行面谈，但是苏联军事观察员从一开始就介入我们的会议，可能会令英美尴尬不已。英王陛下政府强硬表态：英国有权与美国总统及官员就盟军重大军务开诚布公地进行全方位讨论。我们双方的参谋长必须进行一些私密的会谈，苏联观察员是无权参与这些会谈的，而将他拒之门外又很可能会冒犯他。但是，正式的三国参谋会议就没有这方面的限制，我并不拒绝他参加我所建议的三国参谋会议。

1943 年 11 月 12 日

最后，蒋介石应罗斯福的邀请出席会议，我们才化险为夷。为了不影响与日本人之间的关系，斯大林绝不会与日本的三个敌对国一起召开四国会议。因此，关于苏联派遣代表前往开罗赴会的一切问题都戛然而止。我们如释重负，谁料却给后来制造了一系列的麻烦，我们也因此付出了代价。

斯大林致首相：

我曾经写信给罗斯福总统，告知他莫洛托夫先生会于11月 22 日前去开罗，但是现在我不得不告诉你，出于某种原因，此次会议的关键人物莫洛托夫先生不能前去开罗，对此我深表遗憾。但是，他能在 11 月底前往德黑兰，届时，他将与我一同到达，随行的还有几位军事人员。

应该按照此前达成的协议在德黑兰举行三国政府首脑会议，决不允许其他国家代表参与。

祝愿你同中方代表关于远东事务的会谈取得圆满成功。

1943 年 11 月 12 日

就这样，一切准备就绪，我们便扬帆起航了。

附　录

首相的个人备忘录以及电报

1943 年 8 月

首相致贸易大臣：

　　1. 感谢你来函告知我纸牌缺乏一事。除了我们已经销售了的那一百三十万副纸牌以外，以前我们生产的一百九十五万副纸牌是如何处理的？

　　2. 在未来的十二个月里，纸牌的需求量似乎不足二百万副。根据这个需求量，我认为你还要生产二百二十五万副纸牌。按照我们目前的人力和原料，多制造一百万副纸牌需要增加二十多名工人和几百吨纸。我乐意为你争取到这些额外的工人和纸。但我必须先了解，在过去的十二个月里，你是怎么处理那一百九十五万副纸牌的；其次，你认为我们"储备应急的纸牌数量"应该是多少。我们要做到让人们需要纸牌的时候可以随时买到，这是非常重要的。士兵可以优先购买纸牌，但是普通工人也同样需要纸牌。

1943 年 8 月 1 日

首相致第一海务大臣：

　　1. 我曾向罗斯福总统建议，我们可以于魁北克会议期间在海德公园公布反潜艇战月报。这就意味着我们不是在 10 日公布这份月报，而是在 13 日或者 14 日公布。

2. 这一次，我想严重打击德国人的希望。我打算说服罗斯福总统同意以下四点：

（1）1942 年上半年船舶报损率为 1.6，1942 年下半年为 0.8，1943 年上半年为 0.4。

（2）我们得知，在 5 月、6 月、7 月这三个月的九十二天中，德国很多艘潜艇遭到损坏，其中被击沉的潜艇有八十七艘（或许不是这个数目）。

（3）盟国商船遍布整个世界。就盟国商船的损失情况而言，7 月的损失比 6 月更严重；在 1943 年 7 月之前，6 月是盟国商船损失最严重的一个月，但是与 1942 年 1 月至 1943 年 6 月底或者是 1943 年 1 月至 1943 年 6 月底（任意一个阶段）之间每月的平均损失量相比，7 月的损失量还算是低的。在攻占西西里岛的战役中，盟国商船损失不超过七万吨。

（4）今年（截至 7 月末），美国、英国和加拿大三个国家新造的船舶总吨数，超过同盟国船舶损失的总吨数（三百万吨）——也就是说，在超过的实际数字之下取最相近的那个百万数字。

在我们启程之前，请务必考虑以上几点，以便我与罗斯福总统全面讨论这个问题。

另外，英国击沉了多少艘德国舰艇？

1943 年 8 月 1 日

首相致伊斯梅将军：

所有密码代号一定要先经我过目才能获批。

1943 年 8 月 2 日

首相致帝国总参谋长：

我收到了艾森豪威尔的电报。他在电报中表示，第一装甲师无须执行守卫战俘的任务。

1. 请你告诉我，你打算如何满足看守战俘人员的需求。如果遇到船舶的相关问题，你可以和莱瑟斯勋爵商议。

2. 我有点想不通，为什么一定要调走所有在中东地区的装甲部队，并使之参与"哈斯基"作战计划？请向我汇报，驻非洲的各个部队拥有的坦克的确切数字。我记得上一份报告曾载明中东司令部有近三千辆坦克。

3. 为了让第一装甲师迅速重组，我们应立即从英国本土的装甲师中抽调出"谢尔曼"式坦克，并用特殊的舰只将这些坦克运出。

4. 另外，请向我提交一份统计表，说明在大不列颠现有的坦克数量、有望从美国获得的坦克数量，以及在未来三个月的供应中可得到的坦克数量。

1943 年 8 月 2 日

首相致帝国总参谋长：

我希望你可以确保，我军这几支精锐部队不会在不知情者的调遣之下而大材小用，毕竟我们也是几经周折才将这些部队建成。

以前，我们在中东部署的可都是组织完备的装甲旅和装甲师，而如今我们只能在中东地区收罗各式各样的坦克，而且我们连坦克驾驶人员都是东拼西凑而成。

应当不惜一切代价，重建这些部队。

1943 年 8 月 2 日

首相致枢密院院长：

非常感激你所做的一切，同时欢迎你对陆军时事报道局进行深入调查。

我们要用尽一切办法，防止陆军时事报道局占用额外的时间、金钱以及军事人员。尽管陆军时事报道局自身的出发点是好的，但是其活动却在不经意间阻碍了整个军事机器的运作，而且还增加了非作战人员的过剩比重。最重要的一点是，所有适合作战的人员均不得加入

这类机构，而且我们必须保持警惕，及时纠正这类组织自行扩大规模和增加人员的倾向。

1943 年 8 月 2 日

首相致飞机生产大臣：

发动机的产量下降，对此，我感到非常苦恼。虽然我很清楚这个季度正值假期，但今年的产量似乎比去年的产量低很多。

1943 年 8 月 3 日

首相致副首相：

1. 空军编制委员会由你负责。该单位应审查战斗机中队中服役飞行员冗余的问题。在这些战斗机中队里，三千零三十八名飞行员共配有一千七百二十五架飞机。空军编制委员会给出的理由是：飞行员必须随时处于待命的状态，随时可以起飞。但这一理由只是在某种情况下、在一些特定的地区才成立。自不列颠战役以来，战斗机就没有蒙受过严重损失。在我看来，这似乎节省了不少人力物力。人们就会问，是否各个方面都是这样浪费？尽管轰炸机司令部参与作战行动的时间持久且任务繁重，但是该司令部却没有很多冗余人员。然而，空军海防总队的人员就明显冗余了。但由于巡逻线相当漫长，确实需要大量飞机才能完成任务，或许真的需要双倍的飞行员才能满足任务需求。因此，我再次强调，这种情况不适用于战斗机。

2. 另外值得我们探讨的一点是："旋风"式飞机和"喷火"式飞机积存于塔科拉迪的问题。从 7 月 30 日那份最新的统计表可以看出，塔科拉迪共有一百八十三架飞机，其中四十三架为"喷火"式飞机。目前我们已经开辟了一条更为便利的航线，而且该航线途经地中海，我们也即将放弃使用塔科拉迪航线。因此，我们除了仔细检查中东司令部存放在塔科拉迪的全部坦克储备外，还要妥善安排这条航线上的人员，同时也要检查一下那些贵重飞机的储存方式。

1943 年 8 月 6 日

首相致外交大臣：

1. 对于目前土耳其重新武装的规模，我认为苏联人并没有感到焦虑。苏联实力具有明显优势，我们只是对土耳其部队进行微小的调整，不足以（我想也不会）引起他们的恐慌。

2. 毋庸置疑，让他们烦恼的是：我们重新武装土耳其军队只会让巴尔干地区的形势变得复杂，而我们却没有做任何帮助他们战胜德国的事情。

3. 但是，苏联人依然对达达尼尔海峡和博斯普鲁斯海峡的现状表示不满。同时，我认为他们并没有忘记在上次大战初期，是我们将君士坦丁堡让给他们的。土耳其若想保证自身的安全，唯一的办法就是积极与盟国联系。你也知道，为了轰炸普洛耶什蒂并逐步取得对达达尼尔海峡、博斯普鲁斯海峡和黑海的控制权，不久以后，我们可能会要求土耳其方面同意我们的空军中队和某些其他部队联合保护他们。只有知道土耳其将采取何种方针，才能为我们与苏联认真讨论土耳其问题提供良好基础。

1943 年 8 月 6 日

首相致伊斯梅将军：

1. 我已删去附件中一些不合适的名称。对于那些可能有大量人员伤亡的作战行动：（1）我们不应该用含有吹嘘之意或是过度自信的代号。例如我们不应用"凯旋"，而应该使用"降灾""屠杀""杂乱""苦难""不宁""脆弱""悲惨""黄疸病"等。因为故意使用这些字眼会使作战计划具有沮丧消沉的色彩。（2）我们不应用轻浮的名词作代号，例如"拥抱舞""下流话""开胃药""大吹大播"等。（3）我们也不要采用在其他方面常用的字眼作为代号，如"洪水""平坦""突然""最高""全力""全速"等。（4）我们应避免以活着的人的姓名作为代号，例如"布雷肯"，而应用"大臣或司令官"来代替。

2. 总之，世界那么大，聪明人可随时想出许多朗朗上口的代号，使之既不暗示作战行动的性质，也不会贬低这些作战行动。到时，某些寡妇或丧子的母亲也不至于跟别人说：她的丈夫或儿子是在一场叫作"拥抱舞"或者"大吹大擂"的战役中牺牲的。

3. 专有名词适合用来做代号。古代英雄，希腊和罗马神话中的人物、星座及星名、著名的赛马、英国和美国战斗英雄的名字等，只要符合上述原则，都可以用作代号。当然，其他方面的主题也可以考虑。

4. 请全程谨慎处理这件事情。一个高效且有所作为的政府不但会处理好重大之事，更会处理好细微的事。①

1943 年 8 月 8 日

首相致伊斯梅将军，转参谋长委员会：

请你参阅这一份电报。② 我们并不反对派遣突击队执行任务。实际上，突击队是我们规格最高的部队，也是今年我们唯一可以调去巴尔干地区的部队。当然，委派的军官或者外交官在遇到敌军投降并且需要谈判的时候，可让突击队陪同出席谈判。你要改变中东地区各司令部因循守旧的态度。

1943 年 8 月 10 日

首相致生产大臣及军需大臣：

让我震惊的是：截至 7 月 31 日前的那个星期，我们的坦克产量仅有三十九辆。我认为，正值假期因而产量低的解释不够充分。如果你能向我提交一份完整的报告，我将感激不尽。这个数字与我们预期的数字相差多少？特别是新型坦克，是否已经达到你们的预期？这事关我们是否要接受美国支援的坦克，因此我必须彻查此事。

1943 年 8 月 11 日

---

① 参阅 8 月 2 日首相致伊斯梅的备忘录。

② 在中东防务委员会看来，意大利人和德国人不太可能向突击队投降，于是委员会决定放弃派遣突击队。

首相致外交大臣：

这一切都十分真实，但我们最好不要捅破真相。巴本①取代里宾特洛甫对我们来说非常重要，这具有里程碑意义，或许还可以进一步瓦解纳粹体系。我们并不需要总是把"无条件投降"挂在嘴边，这也许会阻碍纳粹体系瓦解的进程。只要我们不公开表明我们要与哪个新人物或者新政府合作，我们就会具有明显优势。如果我们自己可以解决这个问题，当然就不需要同他们合作。他们本来对胜利不抱任何希望，如今我们与他们结成一个意志坚定、作战到底的集团。我确信你会同意我的做法。德国逐渐分崩离析就意味着他们的防御能力减弱，因此我们将能挽救英美两国成千上万的百姓的性命。

1943 年 8 月 14 日

首相致第一海务大臣：

是否可以将你的舰只驶进西蒙斯敦和基林迪尼附近的海面，以此拦截好望角附近海域的海上交通，直到我方反潜艇增援舰只（正在途中）抵达为止？我希望你可以考虑这一点。我已要求莱瑟斯勋爵将沉船占总出航舰只的比例告知于我。敌人已击沉我方十九艘舰只。对于一条严格控制且往来舰只有限的航线来说，这一数目意味着我们损失惨重。

1943 年 8 月 15 日

1943 年 9 月

首相（在华盛顿）致罗纳德·坎贝尔爵士：

我已按照你的旨意拟好致英国驻中东各国领事馆的电文。

在我发出这些电报之前，你应私下咨询哈里·霍普金斯的意见：

---

① 弗兰茨·冯·巴本是德国政治家和外交家，曾任德国总理、希特勒内阁副总理等职，文中这里说的是由巴本代替里宾特洛甫任德国外交官。——译者注

我此时干预此事是否合时宜？我拟好的电文内容如下：

"英国驻中东各国领事馆要让每一个人知道，我们英国是多么赞赏和珍惜各国为战争所做的艰苦卓绝的付出。这些国家虽然位于距海岸线千里的内陆，但我们依然感觉到他们在各条战线上集结的力量。也正是因为有了他们，我们正义事业的胜利才得以加快实现。

"我衷心希望我能去到中东的一些大城市，并且代表英国人对他们为战争付出的巨大努力表示感谢。"

1943 年 9 月 13 日

首相致罗斯福总统：

民用航空问题

1. 我曾和你说过，我们打算在伦敦或者加拿大召开联邦预备委员会会议。我们召开这个会议只是为了征集英联邦国家的意见，以便日后我们同美国商讨各项事宜。我已经向英国政府报告，说你对此并无异议。

2. 我在会议上向大家汇报了你的意见：我们可以在即将到来的美、英、苏三国会议上讨论该议题，再召开国际会议。

3. 我提到你的初步意见应涉及以下几项：

（1）应保留民航机场的私人所有权。

（2）重要的机场可以在互惠的基础上供国际使用。

（3）内陆航线可由内陆公司经营。

（4）对于一些免收费用的航线，政府可以根据国际协议予以赞助。

1943 年 9 月 13 日

首相致枢密院院长：

7 月 29 日，艾森豪威尔将军在广播中规定了意大利应遵守的条件，然而，意大利人并没有按条件办事。我认为，如此一来我们便可放手处理此事。我们应该进一步着手安排运送意大利战俘的相关事宜。我们俘获的那一大批战俘现在身在何处？仅韦维尔将军一人领导的部队就俘获了二十五万战俘。如果要将签署停战协议后俘获的那些意大利战俘运到英国，这比较困难。这些意大利战俘曾在多个场合帮助过我们，并且在俘获过程中没有丝毫反抗。如果我们将这些战俘运到英国，我们就会有更多可用的人力，况且本土的工作比印度和南非的工作更加重要。我们要从印度调回一些舰只。陆军部应当将属于我们的意大利战俘（不管他们在哪里）的具体位置告诉我们。

2. 毋庸置疑，我们可以与巴多格利奥政府商量安排意大利战俘一事。毕竟在提供更多意大利劳工的问题上，我们在很多方面可以帮助到巴多格利奥政府。在意大利政府的帮助下，我们会获得更多劳工。因此，我认为可以稍微提高在英国本土的意大利战俘的地位，给他们"民间工兵队的拘留民"之类的身份。我期待在 1944 年能再运送十万意大利人到英国务工。

1943 年 9 月 16 日

首相致海军大臣及海军副参谋长：

我们曾计划为我方潜艇安装声响鱼雷，以便潜艇在下水时遭到反潜艇舰只攻击时进行自卫。此事现在进展如何？

1943 年 9 月 26 日

首相致粮食大臣及军事运输大臣：

我认为，我们可以充分利用某些从北非返航舰只的空仓，将地中海地区的柑橘和柠檬运回来。希望你们能一同商讨，并向我汇报事情的进展和今后的工作计划。

1943 年 9 月 27 日

首相致海军大臣：

请设法向彻韦尔勋爵随时报告德国滑翔炸弹和诱敌装置的现状，以便他随时向我汇报一切工作进展。

1943 年 9 月 27 日

首相致军事运输大臣：

一定要减少人们排队等公交车的时间，并为工人回家提供较为便利的服务。解决伦敦地区的问题更是迫在眉睫。目前燃油情况已经得到极大改善，我认为这件事还是比较容易解决的。在冬季来临之前，我们要采取紧急行动。请你对此行动提出建议。你应当争取实现夜间车辆增加百分之二十五的目标。如果人们在回家之前就已经筋疲力尽，备战的效率就无法提高。

1943 年 9 月 29 日

首相致帝国总参谋长：

请给我一份塞浦路斯岛现有驻军的人数简表。如果我们有机会长驱直入希腊，那么该岛上的驻军得有七八千人。我们的目的不是占领希腊，而是为了对现行希腊合法政府给予政治支持。

1943 年 9 月 30 日

首相致贸易大臣及粮食大臣：

显然，欧洲解放后，许多重要食物将会全球性短缺。我担心在内阁有机会讨论这个问题之前，我们就得对救济需求进行估算，但对外救济将严重影响我们自己的供应。

请你尽快就此事向我提交报告。

1943 年 9 月 30 日

1943 年 10 月

首相致蒙巴顿海军上将及伊斯梅将军，转参谋长委员会：

我认为，蒙巴顿海军上将在视察自己部队的各分遣队时，使用那天草拟的指令作为讲话内容最为合适。但是就当前阶段而言，我认为不宜将这类文件公诸于众。如果我们现在公布这类文件，只会让更多日军涌进战场。我必须强调，至少在今后三个月内，任何人不得传播

任何有关该战场的消息。如果我们要向任何部队传达指令，必须经过最严格的审查，以防印度报纸或者其他国家的报纸刊登我们的指令。下次我在下议院讲话时，我要用这段话来谈论东南亚战场：

"我们原本可能实现的目标，将受阻于这个战场上恶劣的气候条件、饥荒以及洪灾。新任总司令需要亲自到现场视察整个战场的局势，以及走访许多在他管辖范围内的地区。我们很有必要延长部队的训练时间。但是，如果大家认为新司令官走马上任且指挥部也在彻底改组，那我们就可采取大规模行动，这将是非常愚蠢的想法。"

这的确是度过未来三四个月最好的办法。但这绝不会阻碍蒙巴顿海军上将深入指挥部各个分散的据点激励士气，或是憧憬胜利之日以鼓舞官兵。然而，我们要给全世界人民以及敌人相反的形象——士气低落。

> 耕者耕耘不辍，
>
> 坚信能有收获。
>
> 耐心等候数月，
>
> 种子悄然扎根。
>
> 他知道待到秋天红叶飘落，
>
> 种子才会破土而出。

1943 年 10 月 2 日

首相致印度事务大臣：

基础英语问题

内阁委员会已于 1943 年 7 月 12 日成立，但是我回国以后却发现该委员会从来没有召开会议，这着实令我震惊。你曾自愿提出承担这项任务，而且我认为你也是合适人选。请你向我汇报最新的工作进展。

我收到了奥格登先生的来函。他建议我们委派一名特别研究员，用一个星期的时间与他研究基础英语的全部内容。我认为我们应接受这个建议。如此一来，委员会就可以尽早按照详细的计划展开推广基础英语的工作。斯大林元帅也对推广基础英语一事很感兴趣，所以这

件事也就十分重要。如果你觉得你已承担其他任务，无暇兼顾此事，我可以亲自主持该委员会的工作。不过，我还是希望你可以代劳此事。①

1943 年 10 月 3 日

首相致海军大臣：

彻韦尔勋爵能够向我简明解释声响自导鱼雷的情况。② 因此，请你提醒他向我提交关于声响追踪鱼雷的简短汇报。

1943 年 10 月 4 日

首相致军事运输大臣：

无疑，我们应扣下这艘重达两万四千吨的舰只（意大利商船"萨图尼亚"号），并将其尽早投入大西洋航线，以供"霸王"等作战计划使用。

1943 年 10 月 4 日

首相致劳工和兵役大臣：

8 月份，其他工厂为飞机生产部所做的额外工作量有所提高。此外，你们还为飞机生产部纳入一万七千八百名工人。如果你们往后也能如此高效，我们就能在今年年底完成我们于 7 月 23 日制定的目标。

1943 年 10 月 6 日

首相致空军参谋长：

最近种种迹象表明，德国方面正在极力研发喷气式飞机。这让我们感到很有必要加大喷气式飞机的研发力度。

1943 年 10 月 6 日

---

① 参阅 7 月 11 日致爱德华·布里奇斯爵士的备忘录。
② 参阅 9 月 26 日的备忘录。

首相致外交大臣：

我们要记住一点：我们之所以避免就苏联西部边界问题签订这项协议，而用二十年的条约代替它，是因为我们清楚下议院对这个问题存在严重分歧。在我看来，这些分歧还会再次出现，甚至会愈演愈烈。而那些反对者则会利用一些重大原则反驳我们，以便将自己推向有利位置。

1. 如果是在和会上提出这个问题，我们可以将它当作一个整体来衡量；我们可以从一个方向出发对这些问题进行调整，并由其他方面的变动加以平衡。因此，我们很有必要将领土问题当作一个整体问题来解决。从美国的立场出发更是如此，更何况今年是美国的选举年。因此，在缔结二十年条约并采取新措施之前，我们一定要明确美国人的立场。

2. 我认为，我们应竭尽全力劝说波兰人，让他们同意苏联人在其东部边境所做的安排，并将东普鲁士和西里西亚作为波兰人让步的回报。当然，我们可以向波兰人承诺，我们将利用英国在此问题上的影响力。

1943 年 10 月 6 日

首相致空军参谋长：

消雾设备问题

彻韦尔勋爵告诉我，他曾在格拉夫利参观了消雾设备的安装工作，尽管当时没有雾，但他还是对消雾设备印象深刻。虽然目前这种设备每分钟燃烧数吨汽油，但是这一点还可以改进。过去我们的飞机遇到雾就容易出现意外，因此不敢轻易在夜间行动。如果有了这种设备，我们就可以在夜间行动，甚至连喷燃器都不用打开，如此一来，我们将会收获更多战果。当然，如果遇到大雾，我们只需消耗几吨燃油（现在我们燃油库存充足），就可以使我们的轰炸机免遭损失。

我希望我们保持这种设备的安装进度，并于 12 月将这八台消雾设备投入使用。

1943 年 10 月 7 日

首相致外交大臣及军事运输大臣：

华盛顿方面传来关于盟国航运的情况，说在圣诞节之前可以将二百五十万美国人运往英国，并且至少可以提前六个月进攻欧洲大陆。今天的报纸大肆报道这一消息，这是怎么回事？据说，这个流言是由美国参议院战争动员小组委员会散播出来的。

下议院开会时，一定会有人质询我这个问题。

1943 年 10 月 7 日

首相致陆军大臣及帝国总参谋长：

1. 盟国和敌国的兵力以"师"为计算单位，这使人们感到困惑，因为"师"没有统一的标准。例如，德国一个师的标准编制是二万人；然而，德军在苏联前线部署的平均兵力不超过七八千。前几天，我们遇到这样一种情况：一个德国师不到一千八百名步兵，且该师只有十八门大炮。那么和德国抗衡的苏联部署了多少兵力？实力如何？请你列一份清单，清单内容包含德国在罗马北部部署的师及其实际作战人数。请你估算一下英国在意大利和北非部署的全部师的兵力，包括官兵以及大炮（反坦克炮和高射炮）。美国在意大利和非洲部署兵力的可信数据是多少？英国远征军每个师的兵力（实际派赴海外的一个战斗单位的人数）是多少？

我听说，一个英国师加上其特种部队一共有四万两千名士兵。但实际上他们被派到海外的时候最多为一万五千人。据说，美国方面为"霸王"作战计划编制了拥有五万一千人的师，他们实际上派到海外的每师人数为多少？

2. 请你向我递交一份有关西方各国有效作战师的报告。我希望每个月都能收到这样的报告，并根据最可靠的情报和预估及时更新信息。

3. 请你认真分析派驻在意大利的英国部队的基本情况，包括师的数量及其兵力；另外，还要说明目前在意大利登陆的英国部队的给养人数。

1943 年 10 月 11 日

首相致军事运输大臣：

　　请你就伦敦以及其他各大城市公交车排队的情况，提交一份报告，并说明你将采取何种措施减少排队现象。

　　　　　　　　　　　　　　　　　　　　　1943 年 10 月 11 日

首相致生产大臣：

　　最近，我请彻韦尔勋爵调查了英德两国高级炸药的性能对比。他为此写了一份报告。这里随电报附上他的初步报告。

　　参谋长委员会强烈建议，我们无须等待氯化炸药的试验结果，就可立即将其投入使用。我采纳了他们的建议。请于下周向我汇报这一变动将涉及哪些方面的问题。

　　国防大臣应行使其职权，对炸药问题进行调查。请你推荐三名委员调查此事，并附上他们的简历。务必全程保密。

　　　　　　　　　　　　　　　　　　　　　1943 年 10 月 12 日

首相致外交部、枢密院院长及财政大臣：

　　史末资元帅告诉我，他在南非俘获了大约八万名意大利战俘。他表示他可以拨四万名战俘到英国本土务工。

　　我认为此事十分重要，应该予以重视。

　　　　　　　　　　　　　　　　　　　　　1943 年 10 月 13 日

首相致雅各布准将：

　　请对驻埃及的基地部队（兵力达二十四万一千人）的基本情况进行调查，并向我提交一份详尽的报告，切勿延误。如今战事已从中东地区转移到其他地区，然而大部分部队依然以非洲西北部为据点，这些部队的基地部队是哪些？在我看来，我们要对基地部队这二十四万一千名官兵（其中包括十一万六千名英国人）进行严格审查，并为此审查事项成立一个特别委员会。但目前请你先将收集到的信息告诉我。

　　　　　　　　　　　　　　　　　　　　　1943 年 10 月 16 日

首相致军事运输大臣：

公交车排队问题

得知你正在采取措施改善公交车的候车情况，我感到非常欣慰。在伦敦旅客运输局辖区内，公交车每日约往返五百五十万次。仅在这一辖区，若每日每次公交车延误了一分钟，相当于浪费了每日一万人工作九小时的时间。

1943 年 10 月 16 日

过渡时期的计划

1. 战时内阁于 10 月 21 日召开会议。在会上，他们大致同意我在 10 月 19 日的备忘录中提出的方针。为了顺利完成过渡时期的各项计划，我已着手草拟另一份备忘录，制订过渡时期的发展步骤。

2. 第一个阶段是列出我们要采取的所有行动、要制订的计划以及需要提前规划和组织的行政工作。如此一来，一旦我们终止敌对德国的行动，举国上下将会发现我们已经预见了新的紧急情况并为此做好了初步准备。

3. 为达成此目的，请各部门最迟于 11 月 10 日向战时内阁递交一份日程表。各部门应在日程表上说明：

（1）各部门在敌对行动结束之际，即将采取的行动以及相关措施。

（2）在过渡时期的其余时间内，根据可预见情况，我们准备采取的各项行动以及必要措施；在此期间的行动和措施也许会成为我们战胜德国两年后的工作基础。

4. 日程表的内容应涵盖各部门主要负责的所有事宜。然而，不少与多个部门交叉的事务，已经提交给专门的单位和委员会进行审查。在这种情况下，这些日程表应由相关单位的主管或者委员会主席提交。

5. 日程表应说明以下细节：

（1）各项计划的准备情况，即这些计划是否已准备就绪或者还需要多久才能完成准备工作。

（2）在进一步开展工作前，必须明确各项工作的原则。

（3）是否需要立法、颁布枢密院法令或者颁布国防法令？是否已草拟好这些法令？是否需要在德国战败之前颁布这些法令？

6. 该计划的一个重要内容是仔细审查整个立法范畴（包括国防法令和其他从属法令）。这次审查工作是为了确定过渡时期必须保留和终止哪些战时权力？紧急法令委员会由克劳德·舒斯特爵士主持。该委员会现已着手审查工作。

7. 第二阶段是进行统筹性调查。我们可以从这个调查结果看出整个过渡阶段的准备工作范畴。在这一阶段，我们必须保证各项工作都可以无缝接轨且相互协调。我会亲自指导这项工作。

8. 由于从和平到战争的过渡与从战争到和平的过渡，在许多方面都不尽相同，再加上战时办事条例也不完全适应，因此各部门都应有一份这样的调查报告，以便帮助它们了解自己的工作与总计划是否协调一致。如此一来，工作就会方便许多。

各部门都应委派一名高级官员，并由这名高级官员为其部门的准备工作负责，且时刻跟进工作进展。

9. 第三阶段就是确保整个计划处于并且保持准备就绪的状态。起初大家会发现，由于许多原则尚未达成一致，一系列重要事项的准备工作迟迟未能开展。我打算在拟订总体计划后，亲自主持一系列会议，对总计划的方方面面进行审查，随后，请战时内阁就各项阻碍准备工作进展的问题作出决议。

1943 年 10 月 23 日

首相致内政大臣：

一旦希特勒倒台，我们要确保我们在粮食、工作和住房方面有完备的计划，这样的话，我们就有把握收拾好战后的烂摊子。

1943 年 10 月 24 日

首相致霍利斯准将，转参谋长委员会：

　　这份致最高统帅的指令看起来似乎简洁明了，也很符合美国人的思维习惯。但是，我发现这份指令不像是政府向将军下达攻打敌人的指令。如果政府只是旁观将军如何领导作战，这远远不够。事情没那么简单。这位将军也许无法胜任该任务，这种情况屡见不鲜。参谋人员以及政府高级官员应对将军给予一定的指导和监督。如果我们不解决这些问题，就不符合英国人的行事思维。

1943 年 10 月 24 日

首相致海军大臣：

　　我认为你无权将这四十艘军舰从护航舰队和驱逐舰舰队中抽调出来。如果你同意，我们可以不给这些军舰配备人员，将这些军舰当作储备物资，只在紧急情况时才使用。

　　如果不充分利用自己的物资，我们根本不可能将国家的战时资源投入到如此庞大的造舰工程中去。由于你们还需要两年时间才能将正在建造的驱逐舰建好，因此，我们要考虑是否维修这些旧舰只并将其继续投入使用。虽然意大利舰队和德国海军几乎全军覆没，但我们对航空母舰的需求量很大。在这种情况下，如果你们不维修那些旧舰只，我会感到非常不安。我和战时内阁会严格审查未来的海军规划。

1943 年 10 月 24 日

首相致霍利斯准将：

　　为什么不采用橡胶防波堤？希望你可以让我看一下十字形防波堤的图片，并向我说明这种防波堤会产生何种预期效果。在我看来，整个计划似乎都已发生改变。

　　这种用钢筋混凝土做的防波堤和普通防波堤有何区别？如果要安装钢筋混凝土防波堤，需要多长时间？需要出动多少艘舰只运载这些防波堤？

　　如果因占用大量人力物力而阻碍一项有前景的工程，这将会是一件非常可惜的事情。

1943 年 10 月 27 日

首相致兰开斯特公爵郡大臣：

我不赞成授予担任文官或准文官的非军事人员高级军衔，我也不支持让他们穿军服，除非他们是要执行任务而不得不如此。请你就上述问题向安全事务处咨询，有关官员职务及其军服等方面所遵循的原则。请你向我提交一份简短的报告。

1943 年 10 月 27 日

首相致霍利斯准将：

请你向我递交一份报告，说明目前英国部队为执行"霸王"作战计划而集结的情况；另外，除了上述部队外，请另做一份报告说明其余留驻英国本土的部队情况。

1943 年 10 月 31 日